Hablar en público

Habla como un profesional

Desarrolla la confianza, mejora tus habilidades para persuadir y conviértete en un máster de las presentaciones

James W. Williams

prestación de asesoramiento legal, financiero, médico o profesional. El contenido de este libro se ha obtenido de varias fuentes. Por favor, consulte a un profesional autorizado antes de intentar cualquier técnica descrita en este libro.

Al leer este documento, el lector está de acuerdo en que bajo ninguna circunstancia el autor es responsable de las pérdidas, directas o indirectas, en las que se incurra como resultado del uso de la información contenida en este documento, incluyendo, pero sin limitarse a ello, - errores, omisiones o inexactitudes

Tabla de Contenido

Prefacio

¿Has sido llamado a hablar en un evento recientemente y la idea de hacerlo te está dando noches de insomnio? ¿Estás buscando dejar tu marca en el mundo de la oratoria, pero no tienes idea de por dónde empezar? Ya sea que hables como el padrino de la boda de tu amigo, dirijas una presentación de tu equipo en la próxima reunión de la junta directiva o hables ante una audiencia de gente ansiosa, este libro, Hablar en público: *Habla como un profesional; Cómo destruir la ansiedad social, desarrollar la confianza en ti mismo, mejorar tus habilidades de persuasión y convertirte en un super presentador* es justo lo que necesitas.

Profundiza en los temas centrales que podrían estar afectando tu autoestima. Obtén consejos prácticos sobre cómo dar tu discurso y superar tu ansiedad social con la gran cantidad de información disponible en una plataforma accesible. Desbloquea el increíble potencial que llevas dentro en pasos rápidos y sencillos. En este libro encontrarás:

- Consejos para sacarte de tu zona de confort
- Formas efectivas de definirse a sí mismo como un orador público

- Una guía para crear una estrategia ganadora para tu presentación sin importar la ocasión
- Cómo vestirse como un orador público profesional
- Herramientas que te ayudarán a tener éxito en tu presentación
- ¡Y mucho más!

El orador público promedio gana hasta 104.000 dólares anuales en los Estados Unidos. Los tipos en el escalón superior de esa estadística tienen ganancias anuales que llegan hasta <u>los 300.000 dólares </u>en el mismo período de tiempo. En esencia, esta es una profesión que es valorada por mucha gente y si se hace bien, puede conseguir crear un ingreso sostenible que puede establecerte para el resto de tu vida. Pero el camino que te lleva desde donde estás hasta el punto en el que estás obteniendo un ingreso de seis cifras anualmente está pavimentado con obstáculos que no muchos libros o recursos de oratoria han abordado.

Este libro, "Hablar en público": *Habla como un profesional. Cómo destruir la ansiedad social, desarrollar la confianza en ti mismo, mejorar tus habilidades de persuasión y convertirte en un super presentador*, te proporciona una perspectiva sana para convertirte en un orador público que es eficaz, práctico y perspicaz. El objetivo de este libro no es sólo convertirte en un orador público, sino en uno que sea lo suficientemente audaz como para pararse en cualquier escenario y compartir su verdad con su audiencia. Tus miedos no deben tener el poder de impedir tus sueños. Llega a ti mismo y libera todo tu potencial con este libro, una página a la vez. No dejes que ese increíble talento que tienes se desperdicie. Pasa a la siguiente página y comienza el siguiente capítulo de tu vida.

Introducción

Recuerdo la primera vez que subí al escenario para hablar. Tenía sólo seis años y estaba destinado a ser un árbol muy malo en una obra escolar. La clave para interpretar hábilmente ese papel residía en que yo frunciera el ceño durante la mayor parte de la escena y que dijera mi línea (sólo una línea) perfectamente. Asistí a todos los ensayos. Practiqué mi línea. Iba a aplastarla ese día. Después de usar mi disfraz, mi maestro me llamó el árbol más lindo de la historia. Estaba convencido de que lo tenía bloqueado. Pero cuando llegó el momento de entregarlo, me quedé completamente congelado. Incluso ahora, puedo ver todo lo que está pasando delante de mí en cámara lenta. Primero, el disfraz del árbol se volvió demasiado caliente para mí, así que me puse sudoroso e inquieto. Escuché a algunas personas del público reír (quizás pensando que todo era parte de la obra) y esto me agitó aún más. El pobre Billy (que interpretaba al príncipe) no se dio cuenta de lo inestable que era yo cuando se metió en una de mis extensas raíces y se tropezó.

Billy sobrevivió a la caída. Yo no sobreviví a la humillación. Las historias sobre mis travesuras en la etapa "epiléptica" se pedaleaban por toda la escuela y se sentía como si en todas partes donde iba, la gente se burlaba y se burlaba de mí. Afortunadamente, mis padres nos trasladaron a otra ciudad, lo que significó una nueva escuela, nuevos amigos y un comienzo limpio. Pero el nuevo ambiente no hizo nada para calmar mi creciente paranoia con la gente. Cada vez que me pedían que hablara con alguien, incluso con aquellos con los que estaba familiarizado, me callaba y empezaba a sudar profusamente. Mi padre pensó que era una cuestión de edad, así que me aseguró que a medida que envejeciera, esos sentimientos pasarían. No lo hicieron. Las cosas se intensificaron hasta el punto de que viví como un recluso total. Este fue el punto más bajo de mi vida. Han pasado más de dos décadas desde ese incidente y mi vida ha pasado por un completo 360°. Ahora soy un autor, orador y un exitoso hombre de negocios.

¿Cómo pasé de James el ermitaño a esta persona que ama y vive para ser el centro de atención? La gente no debería ser capaz de cambiar eso drásticamente, ¿verdad? Bueno, equivocado. Soy la prueba viviente de eso y estoy emocionado de compartir mi viaje y mi proceso. Comenzó con mi primer trabajo como telemarketer independiente para una compañía de seguros. El trabajo me convenía porque mi interacción con la gente se limitaba a conversaciones telefónicas. Todo lo que tenía que hacer era llamar a la gente y hacer una presentación. Sé que la gente odiaba recibir esas llamadas, pero en realidad lo disfrutaba porque yo era el que hacía esa llamada. Esto me llevó a un descubrimiento bastante interesante sobre mí mismo... soy un vendedor increíble. Debajo de ese exterior dolorosamente tímido había un tipo con una personalidad amable y una voz que hacía que la gente se sintiera a gusto. Fue como descubrir que tenía este superpoder.

Posteriormente, mis superiores me llamaron para que asumiera más responsabilidades, una de las cuales era hablar con un equipo de telemercaderes y compartir con ellos mis consejos sobre el éxito. ¡Oh, vaya! Inmediatamente fui transportado de vuelta a mi momento de pesadilla en el escenario. No había manera de que me pusiera voluntariamente en ese espectáculo de terror. Sin embargo, mis supervisores no lo estaban teniendo. Tenía un mes para prepararme para ese evento de charla. En mi cabeza, eso significaba que tenía un mes para poner mis asuntos en orden y mudarme a otra ciudad. Si mi presupuesto pudiera permitírselo, no me habría importado mudarme a otro país. Cuando volví a casa ese día, compartí la noticia con mi padre. También le dije lo que planeaba hacer. Simplemente asintió con la cabeza como todos los padres sabios que conocía y luego me hizo una sola pregunta: "¿Cuánto tiempo vas a seguir corriendo, James?"

Esta pregunta provocó un flashback de mis años de instituto y universidad. Cada vez que me asignaban tareas de habla, me escapaba de ellas. No lo veía como una huida en ese momento. Pero mientras estaba allí con mi padre, esos recuerdos me llegaban en flashes. Era como un montaje en una película muy mala. Sabía que tenía que dejar de correr y ese momento parecía la oportunidad perfecta para empezar. Estaba aterrorizado. Pero empecé investigando sobre cómo hablar en público. Encontré algunos cursos que prometían transformarme en un orador prolífico en un mes si tenía al menos 500 dólares. A mi edad y nivel de dinero en ese entonces, era como pedirme que pagara millones. Obviamente, esa ruta no iba a hacerlo por mí. Tuve que revisar horas de videos y artículos sobre el tema para obtener información sobre cómo hablar en público. Muchos de ellos eran vagos o escritos para vender un producto o servicio. Ninguno de ellos profundizaba en el tema por completo.

Pasé por este proceso durante semanas y para cuando llegó el día de mi discurso, estaba tal vez un 35% listo. Me gustaría decir que pasé por ese evento como un jefe y lo clavé totalmente pero no, ese no fue el caso. Nadie cayó en el escenario ese día y aunque estaba empapado de sudor cuando terminé, lo hice con una apariencia de mi dignidad intacta. Sin embargo, en las notas que hice después del evento, comparé mi actuación allí con cortar el césped. Seguí zumbando como una cortadora de césped y cortando mis puntos de la misma manera. Era insípido, aburrido y poco inspirador. Hubo un montón de momentos que me hicieron sentir avergonzado, pero tuve una gran ventaja: Anunciaba el comienzo de mi carrera como orador público.

Más de once años después, he trabajado en muchos proyectos que me han llevado a hablar en el escenario frente a compañeros y colegas. Todavía me golpea el miedo escénico cada vez que me acerco al escenario, pero superar mis miedos y subir al escenario de todos modos se ha hecho más fácil con cada intento. Si estás leyendo esto, hay una parte de ti que se identifica con mi viaje. Tienes un don que debe ser compartido con el mundo, pero tu timidez, ansiedad y falta de confianza en ti mismo te han permitido tomar la decisión de mantenerte a ti mismo. Voy a hacerte la misma pregunta que me hizo mi padre: ¿Cuánto tiempo vas a seguir huyendo?

Tienes la oportunidad de salir de tu caparazón y no hay mejor momento para empezar que ahora. Antes de pasar al siguiente capítulo, aquí hay algunos consejos sobre cómo usar este libro con éxito:

1. Tómate su tiempo para leer cada capítulo y procesar la información. Aquí se requiere diligencia, no velocidad.

2. Toma notas al margen mientras estudias. Esto te ayuda a asimilar mejor.

3. Completa los ejercicios al final de cada capítulo. Te empujan suavemente fuera de tu zona de confort.

4. Pon en práctica la información que obtengas. La práctica es la clave para perfeccionar tu oficio.

5. Mantén una perspectiva positiva. Esto alimenta tu estima y alimenta tu determinación de ver esto hasta el final.

Quiero que tengas éxito y no estoy solo en esto. Si prestas atención, encontrarás a mucha gente que está de tu lado apoyándote. Para tener éxito, tienes que recordar que esto no es una lectura de ocio. Se trata de tomar medidas, y tu primera tarea es pasar al siguiente capítulo. Nos vemos en el otro lado.

James Williams

PRIMERA PARTE
LA BATALLA INTERIOR

CAPÍTULO UNO

La burbuja del introvertido

"Nunca cambias tu vida hasta que

salgas de tu zona de confort;

el cambio comienza al final de tu zona de confort."

Roy T. Bennett

Vivir en su zona de confort

Todos tenemos ese espacio donde somos la versión más auténtica de nosotros mismos. En este espacio, no hay lugar para la duda, la preocupación o el miedo. El mundo se desvanece en el momento en que entramos en este lugar y experimentamos una sensación de calma. Este lugar se conoce como nuestra burbuja y en esta burbuja, las cosas suceden sin esfuerzo. La burbuja no siempre es un lugar real. Podría ser ciertas cosas o actividades o incluso relacionadas con el tiempo. Esta calma que experimentamos dentro de nuestra burbuja no es sólo aleatoria. Y las cosas que hemos etiquetado psicológicamente como nuestra comodidad no nos dan realmente la sensación de calma que creemos que tienen. Por ejemplo, las personas cuya zona de confort está relacionada con la comida podrían inclinarse a pensar que la comida es lo que les hace estar tranquilos cuando en realidad, simplemente están proyectando las emociones que anhelan en la comida.

Su sofá puede ser el espacio que ha elegido como su zona de confort. Sus acogedores asientos de felpa te envuelven en un abrazo de bienvenida cada vez que te sientas en él. La proximidad del sofá a todas tus cosas favoritas, como la televisión, la mesa de café que también alberga tus aperitivos y libros favoritos (y no lo olvidemos, el mando a distancia) son sólo una de las muchas cosas que hacen que parezca que el sofá te da todo lo que necesitas para sentirte emocionalmente cómodo. Pero la palabra operativa aquí es "elegir". Tú "eliges" ese sofá. En esencia, tu zona de confort es un lugar de tu elección que alimenta lo que los psicólogos se refieren como una posición neutral de ansiedad.

Es una muy buena sensación estar en su zona de confort, pero déjeme desglosar el costo real de su "alquiler" si decide permanecer en su zona de confort. Cuando tu nivel de ansiedad es neutro o mínimo, tu nivel de estrés baja y esto es porque no tienes que lidiar con ninguna crisis, ninguna incertidumbre y obviamente tienes más control. Con la ausencia de estas cosas, tu nivel de rendimiento es constante. Si se hiciera una comparación entre su nivel de rendimiento en su zona de confort y cuando está fuera de ella, habría una diferencia sorprendente. Imagina que hemos dibujado un gráfico de líneas para mostrar la diferencia entre tus niveles de rendimiento dentro y fuera de tu zona. Ahora déjame describir cómo se vería.

Las líneas de la actuación "en zona" serían una línea perfectamente recta que no se desvíe o fluctúe. Los números estarían por debajo del radar, pero se mantienen estables. Las líneas del rendimiento de la "zona exterior" serían lo opuesto. Estaría en una línea ondulante que asciende y a veces desciende. Cuanto más empujas más allá de tu zona de confort, más alto asciendes. Dije que la línea a veces asciende y desciende, pero lo interesante es que no importa cuán bajo descienda, no baja de la línea estable que es tu desempeño cuando estás en tu zona de confort. ¿Cuál es el sentido de todo esto? Bueno, llegaré a ello en un segundo.

Los introvertidos tienen una propensión a quedarse en su zona de confort. Y esto afecta a su capacidad de hablar en público. Lo sé porque viví en uno durante años y no fue hasta que pasé esa zona que pude descubrir algo del potencial que tengo. Sin embargo, también he observado que los introvertidos no son los únicos que operan desde este lugar. Mucha gente (posiblemente usted incluido) está en un lugar de su vida donde generalmente se sienten cómodos. Tus habilidades y talento actuales son celebrados, tienes un trabajo o diriges un negocio que asegura que todas tus necesidades son atendidas y estás rodeado por la gente en la que confías... así que esto plantea la pregunta, ¿por qué necesitarías arriesgarte a hacer algo en lo que no eres realmente bueno? La respuesta es el cambio. Discutiré esto extensamente en los capítulos siguientes, pero permítanme ponerlo en perspectiva aquí.

El cambio es una de esas cosas inevitables en la vida. Alterará la vida en tu zona de confort y si no estás preparado para ello, te afectará profundamente. La única manera de adelantarse al cambio es salir de tu zona de confort y superar tus límites. Ya que estás leyendo este libro, estoy bastante seguro de que la tarea que te está llevando fuera de tu zona es hablar en público. Esta es la razón por la que estás aterrorizado. No porque seas terrible en ello o porque te preocupe que lo seas. Sólo estás siendo sacado de tu zona de confort. Deja de pelear. Sólo respira profundamente y acepta el desafío. Hoy, estás dejando tu zona de confort. ¿Próximo desafío? Averiguar dónde está la verdadera batalla.

El amigo o enemigo ficticio

En el instituto, había una chica que me gustaba mucho. Era inteligente, increíblemente hermosa y lo mejor de todo, era muy buena conmigo. Tomamos algunas clases juntos donde nos sentamos e intercambiamos miradas de amor (y sí, esto es algo) durante todo el tiempo. Nuestras casas estaban en la misma calle, así que caminábamos juntos a casa todos los días después de la escuela, que no estaba muy lejos. No hablábamos mucho, ya que yo era dolorosamente tímida, pero ella parecía estar de acuerdo. Tampoco hablaba mucho, pero siempre me miraba con una sonrisa. Un día no volvió a casa conmigo. Pensé que era extraño, pero luego vi a sus novias, Leah y Sophie, esperando detrás, así que asumí que tenían uno de esos eventos de chicas en fila. Pueden imaginar mi horror cuando llegué a la escuela al día siguiente para escuchar la noticia de que mi Gina estaba saliendo con el mariscal de campo "cara de idiota" Derek. Estaba destrozado y con el corazón roto y escuché mucha música triste durante meses.

Esa historia que puse ahí arriba estaba toda en mi cabeza. Gina y yo nunca salimos juntos. Claro, vivíamos unos cuantos edificios separados, de ahí la parte de casa caminando juntos, pero nunca fue realmente "juntos". "Ella caminó unos pasos adelante con su amiga y un primo. Gina le sonreía a la gente en general porque era una persona agradable por naturaleza. Y en realidad, probablemente sólo me sonrió una o dos veces. Lo grabé en mi cabeza y lo reproduje una y otra vez hasta que parecía que me sonreía todo el tiempo. Lo que me lleva al punto que estaba tratando de hacer. Inventé toda esa relación en mi cabeza. Me gustaba mucho Gina, pero no había manera de que yo hablara con ella, y mucho menos de que hiciera algo al respecto. Así que creé una relación de fantasía basada en pequeños trozos de realidad y terminé con el corazón roto por ello.

Muchos de nosotros inventamos esta batalla ficticia en nuestras mentes y reaccionamos con miedo a esta batalla imaginaria que tenemos en marcha. Esta es una de las principales luchas internas que tenemos cuando nos llaman a hablar frente a una multitud. Antes de subir al escenario, imaginamos la reacción de la multitud. No importa si vas a hablar con tus compañeros, un grupo de personas con las que ya compartes alguna similitud o extraños. Nos imaginamos esa cara de desaprobación en la multitud. Escuchamos las risas burlonas y las bromas groseras que se hacen sobre nosotros mientras hablamos. A veces, incluso llegamos a imaginar un fallo eléctrico que incendia el podio y hace que la multitud se ría a carcajadas. La humillación de todo esto paraliza nuestro valor y nos hace entrar en pánico. Pero como yo y mi novia del instituto de fantasía, todo esto está en nuestra cabeza.

La verdadera batalla no es enfrentarse a la multitud que está empeñada en tu humillación. El verdadero enemigo, en este caso, eres tú. Como humanos, hemos sido dotados de una imaginación activa y este don puede ser usado de dos maneras. Puedes usar tu imaginación para alimentar tus sueños o para potenciar tu pesadilla. En este caso, estás usando tu imaginación para forzarte a volver a tu zona de confort, y ya hemos repasado lo que pasa allí. Algunos de ustedes podrían decir, "Oh, esto me pasó en el pasado", pero no les está pasando ahora mismo, ¿verdad? No. Sólo están inventando otra excusa para justificar sus miedos. El arma más poderosa en el arsenal de un orador público no son sus habilidades de oratoria o su gran sentido del estilo (aunque estos también son importantes). No es la ausencia de miedo escénico o sus grandes habilidades con la gente. Es su habilidad para aprovechar el poder de su imaginación a su favor.

El atleta estadounidense Michael Strahan dijo: *"Somos nuestro peor enemigo. Dudas de ti mismo más que nadie. Si puedes superar eso, puedes tener éxito."* Estoy de acuerdo con él al 100%. En la batalla interior, el enemigo al que debemos enfrentarnos es a nosotros mismos. Deja de promover teorías que amplifican tus miedos. En vez de eso, hazte tu aliado. Esto puede requerir desaprender ciertos hábitos que has adquirido a lo largo de los años. En unas cuantas páginas, obtendrás la primicia completa de cómo hacer esto. Por ahora, cambiemos el enfoque de los pensamientos negativos a encontrar refuerzos positivos.

Encontrar las conexiones correctas

En un intento por conseguir que hiciera más amigos cuando era más joven, mi madre invitó a sus amigos que tenían hijos a venir. Eso o me llevaba de la mano a sus casas para una visita. Como era de esperar, siempre fui reacio. No porque los otros niños no fueran agradables o acogedores. Sólo que estar cerca de ellos me hizo más consciente de mi timidez, lo que empeoró mi ansiedad. Nunca me comporté mal, pero mi madre siempre me encontraba sentada sola en un rincón. Suspiraba y me decía: "Ningún hombre es una isla, James; tienes que estar rodeado de gente. "Escuché esta frase mucho cuando crecí y al principio pensé que se trataba de tener gente a tu alrededor. Quizás podrías llegar a poner la etiqueta de "amigo" en algunas de estas personas.

Pensé que nuestras conexiones con la gente eran principalmente sobre nuestra interacción externa con ellos hasta que nuestro perro, Jojo, murió. Quédate conmigo en esto. Sé que empecé con el niño triste en el patio y ahora tienes al niño triste cuyo perro murió. Tengo un punto que estoy tratando de hacer aquí. Como puedes imaginar, la muerte de Jojo me afectó mucho. Estuve triste durante mucho tiempo y mi madre me animó a escribir sobre mis sentimientos para superarlo. A regañadientes, lo hice. Y recuerdo las palabras que escribí.

"Jojo nunca me dijo una palabra. Yo hablaba casi todo y, aun así, nunca dio ninguna indicación de que entendiera las palabras que yo decía. Pero Jojo era mi mejor amigo en el mundo y teníamos una conexión especial."

Escribí muchas otras cosas después de eso, pero no fue hasta un par de años después, cuando estaba revisando mis cosas, que esta última frase realmente me impactó. La amistad no se trata de la gente que tienes a tu alrededor, sino de las conexiones que haces. No importa cuán reclusos seamos, este es un aspecto importante de nuestra naturaleza; llámalo una programación biológica que ansía esta conexión. Algunos de nosotros encontramos difícil hacer esas conexiones con los seres humanos, así que se las otorgamos a los animales o a los objetos inanimados. Conozco gente que está profundamente conectada con su fe y algunos que encuentran esta conexión en sus trabajos. ¿Por qué es importante esta conexión y qué tiene que ver con hablar en público? Verás, las conexiones que haces en la vida tienen una forma de sacar lo mejor, o a veces lo peor, de ti. Cuanto más profunda es la conexión, mayor es el efecto. Ahora mismo, no me estoy centrando simplemente en nuestras conexiones con otras personas. Estoy mirando las cosas en nuestras vidas que influyen en nuestro comportamiento.

Hay mucha profundidad en este tema y no quiero aburrirles con los detalles, así que sólo voy a repasar la superficie y darles una idea de cómo esto afecta a su capacidad de hablar en público. Cuando nos conectamos con algo, nos conectamos psicológicamente de una manera que permite que dicha cosa influya en nuestros pensamientos y por lo tanto, en nuestro comportamiento. Tomemos a Jojo por ejemplo. Este perro sacó un lado de mí que no mucha gente llegó a ver. Sus payasadas, aunque frustrantes a veces, encendieron la parte divertida de mi cerebro y me hicieron reír como si no hubiera un mañana. Perderlo afectó mi capacidad de volver a encender esa parte.

Tu paranoia de hablar en público puede derivar del hecho de que no tienes ninguna conexión con nada de lo que gira en esa parte de tu cerebro. Para mí, mi conexión fue activada por el amor a mi trabajo como vendedor. Todo ese proceso en el que conoces a una persona, le hablas del producto o servicio que estás vendiendo y luego la convences de que haga una compra fue muy precipitado. No identifiqué el hablar en público con esta conexión que tenía con mi trabajo al principio. Cuando hice la investigación para mi primera tarea de hablar en público, entendí en un nivel básico que había un vínculo entre hacer ventas y hablar en público. Pero cuando lo personalicé estableciendo esa conexión, me abrió todo un nuevo universo.

¿Qué te abre a la gente? ¿Cuál es ese tema o asunto que en el momento en que empiezas a hablar de él, de repente caes en un ritmo que es tranquilo y reconfortante y puedes montar esa ola para siempre? ¿Es el trabajo que haces? ¿O la gente con la que trabajas? ¿Cómo puedes conectar eso con lo que estás a punto de hablar públicamente? Cuando encuentres la conexión correcta, encontrarás tu voz. Y cuando encuentres tu voz, es hora de dejar que ese pájaro vuele libre.

Tomando tu libertad a saltos

Hasta ahora, hemos hablado de tres grandes cuestiones internas que podrían afectar a su camino hacia la oratoria, incluso antes de poner un pie en esa parte. Estos son temas muy arraigados que pueden tardar meses o años en cambiar. Esto puede darte una pausa y entiendo por qué. Vivimos en una época en la que todo se hace rápidamente. Así que tiene sentido que queramos que nuestra transformación ocurra también de la noche a la mañana. Bueno, déjame reventar tu burbuja justo ahí. Eso no va a suceder. No si quieres un resultado que sea sostenible a lo largo de tus años. Porque esto no es algo que sea exclusivo para ayudarte a ser un mejor orador público. Si se hace bien, puede ayudarte a ser mejor en muchas otras cosas.

Sin embargo, el hecho de que el proceso vaya a durar mucho tiempo no significa que debas aplazar tu misión u objetivo de hablar en público hasta que creas que estás "arreglado". "Incluso si tienes una tarea mañana, te insto a que la cumplas. Puede que no sea tu mejor actuación, pero te acercará a tu objetivo. El objetivo ahora mismo es ir paso a paso. Antes de pasar al siguiente capítulo, vamos a revisar los puntos más importantes de lo que hemos hablado, y luego también tendrán algunas tareas simples que pueden llevar a cabo hoy para ayudarles a avanzar en la dirección correcta. Estas tareas no son cosas puntuales que simplemente tachen de su lista de cosas por hacer. Te ayudan a construir hábitos que te ayudarán a crecer.

Dicho esto, esto es lo que hemos aprendido hasta ahora:

- Nuestra zona de confort es donde nuestro nivel de rendimiento está en su punto más bajo.
- El cambio es lo que estimula nuestro crecimiento.
- La auto duda, más que nada, es lo que nos hace caer.

- La mayor herramienta para hablar en público es la imaginación.

- Para ser un gran orador, necesitas encontrar tu conexión con lo que te hace querer hablar en primer lugar.

- La transformación no ocurre de la noche a la mañana. Comienza con un paso deliberado a la vez.

Sus tareas:

1. Di que sí a una invitación a un evento social al menos una vez al mes.

2. Tener una conversación con un perfecto desconocido cada semana (unas cuantas cadenas de frases cuentan).

3. Escoge cinco cosas o personas con las que tengas una conexión. Deben ser clasificados bajo las cosas de las que te gusta hablar o con quién/qué te gusta hablar de las cosas. Escribe por qué y cómo te hacen hablar.

4. Investiga un poco sobre algunos oradores famosos. ¿Con quién te identificas más y por qué?

5. Incluye algo muy diferente en tu rutina de hoy. Hazlo un día sí y otro no, y no debes repetir estos ejercicios.

CAPÍTULO DOS

ESPACIOS AMPLIADOS

"Los animales salvajes huyen de los peligros que realmente ven y

una vez que han escapado de ellos, no se preocupen más.

Nosotros, sin embargo, estamos atormentados por lo que ha pasado y lo que está por venir.

Algunas de nuestras bendiciones nos hacen daño,

porque el recuerdo trae de vuelta la agonía del miedo

mientras que la previsión lo hace prematuramente.

Nadie limita su infelicidad al presente."

Séneca

Ansiedad social 101

En el capítulo anterior, la atención se centró principalmente en los conflictos internos que impiden nuestra capacidad de hablar en público. En este capítulo, vamos a examinar los factores externos que pueden obstaculizarnos.

Mi tía, que era una católica devota, solía decir: "Un pecador corre cuando nadie lo persigue".

"Básicamente, algunas de las cosas que más tememos se basan en nuestra imaginación más que en la existencia de la cosa o evento real que nos asusta. Para la gente que sufre de ansiedad social, el hombre del boogie es a menudo la multitud. Y si vas a pasar a ser un excelente orador público, tendrás que dejar atrás tu miedo a las multitudes. Esto es más fácil de decir que de hacer y lo sé porque he estado en la madriguera del conejo y déjame decirte que no es bonito. Para vencer el miedo de uno, primero debes entenderlo.

En términos muy sucintos, la ansiedad social es una forma de estrés provocada por la interacción social con las personas. Muchas veces, la gente confunde la ansiedad social con la timidez. Todos experimentamos una reacción desagradable cuando nos vemos involucrados en una situación social, especialmente si se trata de conocer gente nueva por primera vez. Se pone aún peor si se espera que hables o te dirijas a estas nuevas personas que conoces. Nuestro pulso se eleva, nuestras palmas sudan y experimentamos esta sensación de hundimiento en nuestro estómago. Todo esto es perfectamente natural. Sin embargo, la diferencia entre el estrés normal experimentado cuando estamos en esas condiciones sociales y la ansiedad social es que puedes superar el estrés normal. Pero la ansiedad social te paraliza completamente.

Es tan intenso que ha sido clasificado como un trastorno mental. Por lo tanto, si usted se encuentra incapaz de funcionar de alguna manera cuando está en un ambiente social, es probable que esté sufriendo un trastorno de ansiedad social y es muy importante que consulte a un médico al respecto. Ahora bien, esta recomendación no significa que sus sueños de hablar en público sean un tema prohibido hasta que su médico le diga que está mejor. Lo que digo es que el primer paso para eliminarlo es ver a un médico. Hay varias razones por las que la gente sufre de ansiedad social y el grado en que la experimentan puede estar influenciado por varios factores. Para empezar, hay un elemento biológico en ella. Tener un pariente que sufre el trastorno de ansiedad social aumenta el riesgo de padecerlo. Si tiene antecedentes de abuso, especialmente si este abuso comenzó a una edad temprana, su riesgo se duplica.

En algunos casos, ciertas inseguridades que tenemos sobre nosotros mismos pueden desencadenar un ataque. Si esas inseguridades son físicas o visibles, se pone aún peor. Podría ser una cicatriz fea, una marca de nacimiento, o quizás el sonido de nuestra voz. Sentimos que estos atributos nos hacen destacar de una manera muy fuerte y que la gente no aprobaría esta diferencia. Así que nos anticipamos a su juicio y esto nos pone en un estado de ansiedad. Para aquellos que experimentan esto intensamente, preferirían no ponerse en ese tipo de juicio de todos modos.

En cualquier caso, el camino hacia la recuperación comienza con el reconocimiento de la existencia de un problema y luego se hace un viaje introspectivo que lo llevará a la raíz del problema. Para las personas que han pasado por algún tipo de trauma psicológico en el pasado, puede haber muchos problemas emocionales sin resolver. Trabajar con un psicólogo capacitado puede ayudarte a llegar a un punto en el que aceptes lo que ha sucedido y luego liberes la carga de aferrarte a ese recuerdo. También es posible que necesite someterse a una terapia del comportamiento que le ayude a volver a entrenar su reacción instintiva a determinadas situaciones. De esta manera, su cuerpo no tiene que pasar por la respuesta de pelear o escapar cada vez que se enfrente a situaciones que desencadenen su memoria.

Las personas cuyo Trastorno de Ansiedad Social proviene de un proponente biológico, como tener la porción de su cerebro que controla la función del miedo en modo hiperactivo, pueden necesitar tratamiento médico para tenerlo bajo control. Esto también requiere una consulta con un médico. Ahora bien, si su ansiedad es el resultado de alguna forma de inseguridad o de baja autoestima, puede hablar con psicólogos para que le ayuden a aceptar quién es usted.

Y si se trata de algo que se puede arreglar, no estaría de más reunirse con alguien que esté cualificado para hacerlo. Sólo recuerda, sólo pueden arreglar lo que está afuera. He visto casos en los que la gente tenía estas inseguridades sobre ciertas partes de su cuerpo, lo arreglaron perfectamente, pero aun así lucharon con sus inseguridades. Se convierte en ese miembro fantasma del que hablan los médicos.

No se puede llegar al punto de poder hablar en público cómodamente sin antes superar cualquier forma de ansiedad social que pueda tener. Este es un proceso delicado que puede abrir algunas heridas emocionales profundas, pero la sanación es lo que sigue después.

El Ciclo Espantoso

Habiendo visto lo que es la ansiedad social, quiero que veamos su impacto en hablar en público más allá de los síntomas físicos de los que hablamos. Hemos explorado el *qué* y hemos tocado un poco el *por qué*. Ahora entraremos en el *cómo*. Cuando era niño, uno de mis momentos favoritos con mi padre fue cuando estábamos en el garaje juntos, jugando con cosas. Podría ser un motor, un aparato eléctrico o lo que sea que mi padre tuviera en sus manos. El objetivo era separarlo, entender cómo funcionaba cada una de las diferentes piezas y luego volver a armarlo. La mayoría de las veces, las cosas que armamos no volvían a funcionar como estaban diseñadas. O bien recibió la "Mejora de Williams" o terminó haciendo ruidos extraños mientras hacía lo que estaba diseñado para hacer.

Para poder "actualizar" con éxito un dispositivo, tendríamos que comprender a fondo el papel que cada parte tenía que desempeñar en el proceso y luego averiguar cómo hacía lo que hacía. Entonces tendríamos que romper el ciclo. O bien sacábamos algo por completo o lo sacábamos y lo reemplazábamos por algo mejor. Cuando se trata de un trauma emocional, utilizo el mismo enfoque. La ansiedad, como la mayoría de las emociones que ocurren en el extremo, pasa por un ciclo. Este ciclo se compone de una serie de eventos que te llevan del punto A al punto B y a veces hasta el punto D antes de llevarte de nuevo al punto A. Y luego el proceso continúa. El punto de partida de este ciclo es la mente. No hay angustia emocional que enfrentemos hoy que no empiece primero en la mente. Hay factores externos que pueden poner en marcha las cosas, pero mucho antes de que esas cosas sucedieran, la mente jugó su papel.

Cuando te sucede un evento, la emoción que sientes como resultado, ya sea buena o mala, se registra en tu mente y se identifica con ese evento. Ese recuerdo y el sentimiento que lo indujo está encerrado en tu mente con ciertos marcadores que pueden ser la vista, el sonido o el olfato. Es por eso que un olor específico puede llevarte de vuelta a tu infancia. Sorprendentemente, este evento registrado no tiene que ser una experiencia de primera mano. Es posible que hayas presenciado algo que haya bloqueado ese evento en tu mente. También es posible que te hayan contado un evento tan intenso emocionalmente que se haya encerrado en tu mente. Y luego tienes el caso en que inventaste una experiencia y de alguna manera convenciste a tu mente de que es una posibilidad real, que también encierra ese falso recuerdo. Te lo dije antes, la mente es una herramienta muy poderosa.

Ahora que tu mente ha bloqueado este recuerdo, la siguiente secuencia de este ciclo es el evento que desencadena el recuerdo bloqueado en tu mente. En este caso, es la multitud con la que estás tratando de interactuar. La multitud en sí no es el problema. El problema es la forma en que tu cerebro interpreta lo que está viendo porque tu mente le está dando información basada en los recuerdos desbloqueados. En el caso de la ansiedad social, los recuerdos desbloqueados suelen estar relacionados con relaciones poco saludables con las personas. Ya sea que este recuerdo sea real o proyectado, si es desagradable, el cerebro interpreta la situación social como una amenaza. Cuando el cerebro percibe una amenaza, se pone en alerta y sus instintos naturales de preservación se activan. Esencialmente, las señales que están siendo alimentadas a su cuerpo están diciendo a sus impulsos que no está en un espacio seguro y que necesita salir de allí.

Estas señales se manifiestan como un aumento de la frecuencia cardíaca, problemas de respiración y tensión de los músculos, entre otros signos. Estos síntomas pueden amplificar la información que llega a tus sentidos. Una risa inocente o una sonrisa a algo general puede parecer como si estuviera dirigida a ti. Una persona que camina hacia ti puede parecer que está haciendo un avance amenazador. Esto te devuelve a tu mente, donde todo el proceso se repite. Todas estas cosas pasan muy rápido. El punto en el que entraste en la habitación en el momento en que estás virtualmente hiperventilando puede suceder en cuestión de segundos. A medida que el ciclo se repite, las emociones experimentadas te golpean como olas. Cada una más intensa que la anterior, hasta que la situación se intensifica o se te quita de ese momento por completo.

Para algunas personas, la ansiedad surge en el momento en que entran en una habitación llena de gente. Para otros, subir al escenario es lo que desencadena el ataque. Entender la secuencia que se enumera aquí es clave para crear soluciones que te ayuden a liberarte, y aquí es donde vamos a seguir.

Cómo llegar a un punto de equilibrio

En la primera sección de este capítulo, hice mucho hincapié en la importancia de consultar a un especialista para ayudar a superar la ansiedad social. Eso no ha cambiado, pero es sólo el primer paso. Necesitas un médico por muchas razones, siendo la principal obtener un diagnóstico adecuado y posiblemente la causa principal del problema. Sigue el plan de tratamiento y manejo.

En el caso de las personas cuya ansiedad social se encuentra dentro del espectro de leve a moderada, es posible que deba asumir un papel más proactivo en el control de sus problemas de ansiedad. Para empezar, los expertos creen que lo que tienes está relacionado con la ansiedad de desempeño. Esto está relacionado con la ansiedad social, pero está relacionado con su desempeño, no sólo con el hecho de estar en un entorno social. Si este es el caso, entonces son buenas noticias. La ansiedad de desempeño, también conocida como miedo escénico, es muy común y la sufren millones de personas en todo el mundo. Usted no está solo. De hecho, sus oradores favoritos sufrieron de ansiedad de actuación en algún momento de sus vidas.

Uno de mis ejemplos favoritos es el presidente más apreciado de nuestro país, Abraham Lincoln.

A pesar del discurso que dio en Cooper Union en Nueva York, a Abe le aterrorizaba hablar frente a una gran multitud. Su temor era tan grande que rechazó la oportunidad de hablar en un evento que habría llevado su carrera política a la cima. Su nota sobre el tema aludía a algunos problemas de ansiedad. Por supuesto, se convirtió en uno de los más grandes de América, pero eso requirió que aceptara el desafío. Otros famosos oradores que tuvieron problemas similares son Joel Olsten, Thomas Jefferson e incluso Warren Buffet, de quien se rumorea que no pudo levantarse y decir su propio nombre en clase.

Ahora que sabemos quiénes son y lo prolíficos que son al hablar, es difícil reconciliar esta imagen de ellos con los que tenían miedo de hablar. Pero la historia nos pinta un cuadro claro. Pero lo que más me habla es el hecho de que si ellos pueden superar su ansiedad de desempeño, también pueden hacerlo ustedes.

Para romper el espantoso ciclo de la ansiedad de desempeño, vas a tener que empezar primero con tu mente, que controla todas las secuencias del ciclo. Los recuerdos que desencadenan tus emociones, que pasan a activar ciertos impulsos, necesitan ser reemplazados. Si tuviste una experiencia escénica trágica, no puedes olvidar que nunca ocurrió o borrarla de tu memoria. No es así como funciona esto. Sin embargo, vas a tener que alejar tu atención de esos recuerdos. Recuerda lo que dije antes sobre el poder de tu imaginación.

El experimento de Darwin sobre el tema es una perfecta ilustración de esto. Presionó su nariz contra una jaula de cristal que contenía una víbora venenosa en su interior. Cuando la serpiente golpeó su nariz desde el interior de la jaula, Darwin saltó hacia atrás a pesar de que sabía que no había manera de que la serpiente pudiera llegar a él. De la misma manera, somos conscientes de que la multitud con la que vamos a hablar no nos va a hacer daño. Sin embargo, instintivamente reaccionamos como si lo hicieran. Así que, deja de ver a la multitud como tu enemigo y el escenario como una zona de muerte. En vez de eso, imagínalos como personas que comparten tus preocupaciones e intereses, porque lo hacen. Si no, ¿por qué otra razón vendrían a oírte hablar? Tienes algo que decir que les gustaría escuchar, así que aprovecha la oportunidad y dilo.

He mencionado mucho aquí para tratar de explicar el *cómo*. Así que decidí simplificar todo lo que he dicho en puntos de acción:

1. Deja de huir. Necesitas enfrentar tus miedos de frente. Puede requerir cada onza de disciplina

en ti para hacerlo la primera vez, pero se hace más fácil con el tiempo.

2. Prepárate. Hay muy poca gente que pueda dar grandes discursos en un abrir y cerrar de ojos. Todas esas cuidadosas y artísticas actuaciones en el escenario requieren horas de ensayo, al menos.

3. Concéntrese más en su discurso y menos en la multitud. No puedes hacer nada con la multitud de todos modos.

4. Ten más confianza en tus habilidades.

5. Sé positivo.

Adelántate y sé escuchado

Se dice que cuando Thomas Jefferson habló durante sus discursos públicos (sólo dio dos de ellos a lo largo de sus ocho años de mandato), lo hizo en tonos muy bajos que requerían que se esforzaran los oídos antes de poder oírlo. Mahatma Gandhi también era así. Pero no dejaban que sus voces se ahogaran en el mar de gente con la que tenían que rodearse. Lo que hicieron fue mantener sus palabras concisas pero muy efectivas. No todo el mundo tiene el don de la palabra, sin embargo, cuando se trata de hablar en público, es mejor mantener su mensaje sucinto pero impactante que seguir hablando sin parar.

A medida que avanzamos en este libro, aprenderemos el arte de hablar en público, pero no antes de superar el miedo a hablar en público. Además, si vas a esperar un momento en el que ya no te sientes ansioso por hablar antes de hacerlo, nunca lo harás. Esto se debe a que esos sentimientos de nerviosismo causados por la ansiedad nunca desaparecen. Ha pasado casi una década desde mi primera tarea de hablar, pero todavía me pongo sudoroso y tembloroso justo antes de ir frente a la multitud. Y he sido un orador público en más de cincuenta ocasiones. La única diferencia es que el miedo no es tan paralizante como solía ser. Sólo tienes que abrazar el miedo, no dejes que te envuelva. Ponga sus pies en el suelo y dígase a sí mismo que hoy, usted está haciendo esto.

Y en esa nota, aquí hay un resumen de lo que este capítulo ha sido:

- El Trastorno de Ansiedad Social es un trastorno mental provocado por el estrés de estar en una multitud. La ansiedad de actuación es una forma de ansiedad social asociada con el miedo al escenario o a hablar delante de una multitud.
- La ansiedad social es muy común, pero es tratable, manejable y muy posible de superar.

- Los mensajes que alimentan su mente determinarán su reacción en una situación social. Si te alimentas con mensajes relacionados con el miedo, reaccionarás con miedo.

- Aplazar su discurso público a una fecha posterior en la que se sienta más cómodo sólo prolongará su tormento. Es mejor morder la bala proverbial ahora.

Sus tareas:

1. Hable con un médico sobre su ansiedad. Puede que no consiga una solución de inmediato, pero el hecho de saber que está haciendo algo al respecto puede ser muy tranquilizador.

2. Toma el hábito de meditar por lo menos treinta minutos al día. Esta práctica le enseñará cómo hacer que su cuerpo se relaje incluso cuando está bajo presión.

3. Encuentra un mantra que puedas decir repetidamente para calmarte en situaciones estresantes. Podría ser una frase, palabras de afirmación o estímulos de confianza. Me gusta "Hakuna Matata".

4. Todas las mañanas, mírate en el espejo y hazte un cumplido. Puede parecer incómodo al

principio, pero esa sensación pasa con el tiempo.

5. Mantener un contacto visual más prolongado con la gente. Para los extraños del otro lado de la habitación, una mirada de tres segundos está bien. Para la gente con la que está conversando, trate de mantener el contacto visual lo más posible. No mires fijamente. No mire fijamente.

Mantener el contacto visual le ayuda a desarrollar la confianza en sus habilidades de interacción social, y nos adentraremos más en la construcción de la confianza en el próximo capítulo.

CAPÍTULO TRES

CONSTRUYENDO BLOQUES DE CONFIANZA

"¿No sería maravilloso

si te enamoraste tan profundamente de ti mismo

qué harías casi cualquier cosa

sí supieras que te haría feliz?

Esto es precisamente lo mucho que la vida te ama

y quiere que te alimentes.

Cuanto más te amas a ti mismo,

más el universo afirmaría tu valor.

Entonces puedes disfrutar de una aventura amorosa de por vida

...que te traiga la más rica satisfacción de adentro hacia afuera".

Alan Cohen

Las mentiras que nos decimos a nosotros mismos

Al crecer, se nos enseñó a ver lo malo de decir mentiras a otras personas. Siempre hubo honor en decir la verdad. La razón que se nos dio la mayoría de las veces fue que hacía difícil que la gente confiara en ti si tenías el hábito de decir mentiras. Mentir es un rasgo auto conservador y esto no es algo para lo que estés entrenado. Simplemente te llega de forma natural. Es por eso que un niño de tres años diría una mentira descarada. El objetivo principal de la mentira es dar una narración que sirva mejor a nuestros propósitos e intereses. Si la mentira se convierte en un hábito, entonces se convierte en un problema serio y podría haber algún ángulo psicológico para eso. Mentir es tan complicado porque nunca termina con una sola mentira. Crece de una pequeña falsedad en una red gigante y enredada de mentiras que atrapa a la persona que dice las mentiras y encuentro esto muy interesante porque cuando se trata de mentir, no sólo se ve afectada la persona a la que se le miente.

De hecho, las mentiras afectan aún más a la persona que las dijo. Y no me refiero a la visita nocturna del karma que la mayoría de la gente cree que juzga a los que han errado en el lado equivocado de la humanidad. Estoy hablando del impacto en la psique de la persona que perpetró las mentiras. Si alguna vez has estado en el otro extremo del palo, sabrías cuánto duele darse cuenta de que te han mentido. En otras palabras, cuando se dice una mentira, tanto la persona que miente como la que es engañada terminan realmente lastimados. Este dolor puede que no salga a la superficie inmediatamente. De hecho, puede que incluso te des cuenta de que te han mentido, pero en algún nivel instintivo, lo percibes y eso hace que el dolor persista y se encone, lo que conduce a una relación muy precaria en el mejor de los casos. Sabiendo todo esto, me gustaría que reflexionaran sobre la siguiente pregunta que voy a hacer. ¿Qué sucede cuando la persona a la que se le miente y la persona que dice las mentiras son la misma persona?

Hay mentiras que nos alimentan y tristemente, no muchos de nosotros estaban preparados para las consecuencias de esto. El mayor problema con las mentiras que nos decimos a nosotros mismos es que las mentiras no suelen ser nada grandiosas. Son pequeñas piezas de información que asimilamos en pequeñas dosis durante un largo período de tiempo. En otras palabras, lo hacemos sin darnos cuenta de lo que estamos haciendo. A veces, las mentiras son un reflejo de lo que la sociedad nos dice. Estamos marcados por la cultura, el estatus, la raza e incluso el género. Luego usamos estas etiquetas y dejamos que definan nuestro potencial. Cuando tu capacidad de rendimiento se caracteriza por la etiqueta que llevas, te enfrentarás a una lucha más interna en tu intento de triunfar. Algunas personas pueden argumentar que las etiquetas ayudan a darte una mejor comprensión de ti mismo. Estoy de acuerdo con esas personas, pero hasta cierto punto. Verás, a menos que seas tú el que se dé la etiqueta, en lugar de adoptar la que te ha puesto la sociedad, siempre acabarás defraudándote a ti mismo. ¿Qué quiero decir con esto?

Asumamos que tus padres te han etiquetado como "dolorosamente tímido". "Vieron ciertos rasgos y comportamientos que exhibiste cuando eras mucho más joven y luego lo identificaron con la timidez. A partir de ese momento, esta es la información que reforzaron. Si se reunían con amigos y dudabas en socializar, inmediatamente se disculpaban y luego enfatizaban el mensaje, "Lo sentimos, pero nuestro chico es increíblemente tímido". "Probablemente escucharon esto mucho en los ambientes sociales y asimilaron el mensaje. A medida que crecías, personalizabas ese mensaje. Tu excusa para la incomodidad que experimentas cuando socializas es excusada por tu "timidez". "Tu aceptación de este mensaje es tan sana que caracterizas todo lo que haces con la etiqueta. Así que cuando se te presenta la oportunidad de hablar frente a tus compañeros, sin pensar mucho en lo que implica, juegas con la etiqueta y te escabulles para salir de ella.

Mentiras como estas actúan como una barrera para tu crecimiento. La excusa de Abraham Lincoln era que había una enfermedad que corría en su familia que le impedía hablar en público. Imaginen lo que hubiera pasado si Abe hubiera levantado las manos y abrazado las limitaciones que le imponía esta enfermedad. Probablemente habría vivido una vida normal sin nada fuera de lo común que lo diferenciara de los hombres de su época. Pero tenemos el privilegio de saber en qué se convirtió y es imposible imaginar a Abraham Lincoln como alguien menos que la persona fenomenal que fue. Las mentiras que nos decimos a nosotros mismos sólo sirven para amplificar nuestros miedos y aumentar la duda en nuestras habilidades. Decirse a sí mismo que no puede hablar en público es sólo para protegerse de la posibilidad de fracaso si lo intenta. Es usted diciéndose a sí mismo que no está cualificado para la tarea. Veamos las implicaciones de esto.

La vida en los lugares rocosos

¿Has visto alguna vez una flor floreciendo en una planta que crece a través de las rocas? Es increíblemente hermosa y al mismo tiempo alucinante. Lo veo como un milagro porque bajo circunstancias normales, esa planta no está destinada a estar ahí. Para que una planta crezca, necesita tierra, luz y agua. Las rocas tienen cantidades muy limitadas de esas, por lo que no se ven plantas que prosperen en esos lugares. Pero entonces tienes situaciones extraordinarias como estas en las que la naturaleza decide desafiar las

43

probabilidades. La planta en cuestión no sólo creció en un lugar rocoso. Prosperó, floreció y se convirtió en una cosa de belleza que se admira. Tan excepcional como esta historia es, el mensaje principal es que nada es imposible si pones tu mente en ello.

No sé el tipo de ambiente en el que naciste y te preparaste. Pudo haber sido un lugar rocoso que no ofrecía lo esencial que necesitabas para prosperar. Eso o tu entorno era un suelo rico y fértil que te ofrecía todo lo que necesitabas para triunfar en la vida. Cualquiera que sea el caso, aquí hay una verdad evidente: Ninguno de estos entornos enumerados puede hacerte fracasar o triunfar en la vida. Lo único que pueden hacer es hacer más difícil el éxito o el fracaso. Y esto se debe a que el ingrediente clave que determina hasta dónde llegas en la vida es con lo que te alimentas. Y esto nos lleva de vuelta a las mentiras que nos decimos a nosotros mismos. Imagina el tipo de conversación que esa planta debe haber tenido consigo misma en ese lugar oscuro, seco y sin vida donde echó raíces como semilla. Debe haber escuchado el mensaje de que sólo las plantas en suelo fértil pueden crecer. Las rocas deben haberle dicho que se rindiera porque había muy poco sol y agua que llegaba. Sin embargo, la planta no internalizó esos mensajes a pesar de que reflejaban con precisión la realidad de la situación en el exterior. Para prosperar, habría tenido que buscar en su interior los recursos para aprovechar. Creo que, si la planta hubiera mirado hacia adentro y hubiera encontrado la misma dureza en el exterior reflejada en el interior, se habría doblado y muerto.

Pero no lo hizo. En su lugar, encontró un oasis en el interior que lo hizo resistente a las condiciones externas de sequedad. El crecimiento puede haber sido más lento que el de sus pares, pero en el momento en que se abrió paso hasta la superficie, ese proceso se aceleró. En este punto, el mundo exterior comenzó a ajustarse a lo que ya estaba en el interior y el resultado fue una flor tan distinguida como una pieza de arte impresionante. Volvamos al dilema actual de hablar en público. Si quieres liberar el potencial de tu interior, debes dejar de prestar atención a lo que te alimenta tu entorno. Tal vez estás viendo tu inexperiencia en el tema propuesto, tu supuesta naturaleza tímida, tu problema de habla y así sucesivamente como las cosas que limitan tu capacidad de éxito. Centrarse en estas cosas automáticamente establece parámetros sobre lo que puedes conseguir y hasta dónde puedes llegar. En lugar de ello, céntrate en tu objetivo.

Haz que tu negocio sea manejar tu mente consciente (también conocida como tu voz interior) y recuerda que puedes lograr el éxito que deseas al hablar en público. Esos otros temas de los que hablamos pueden ralentizar tu proceso o hacerlo mucho más difícil para ti, pero el factor determinante al final del día eres tú.

Construyendo pilares con piedras

Todos tenemos nuestras respectivas luchas en la vida. Algunos de nosotros somos muy buenos para disfrazar nuestro dolor. Otros llevan sus corazones en las mangas. Sea cual sea la categoría a la que pertenezcas, reconoce que la lucha es real. Sin embargo, también recuerde que su éxito es igualmente real. Puede que hayas tenido que lidiar con la ansiedad social, el miedo escénico, la baja autoestima y la falta de fe en tus habilidades para llegar a ese punto desde el que puedas hablar cómodamente. Tanto si es la primera vez como si es la milésima, hay obstáculos que ha tenido o tendrá que superar para dejar su huella. El propósito de este capítulo es guiarte a ese lugar donde estos obstáculos pueden convertirse en los cimientos sobre los que construir tu pretensión de éxito.

Ahora que es consciente de que está al mando de sus asuntos y no es necesariamente víctima de algún factor biológico o psicológico, no puede permitirse el lujo de quedarse al margen. Tendrá que hacer esfuerzos conscientes para dejar ir primero algunas "verdades" en las que ha creído. Amplíe su horizonte con su mente. Tengo un cuadro en mi casa que considero una de mis compras más valiosas y esto no es por la cantidad de dinero que tuve que poner para ello. Es lo que simboliza para mí. El artista en cuestión es un hombre indio que nació sin ninguna función en sus brazos. Usando sus pies y su boca, es capaz de crear un arte tan increíble. Cada vez que miro la pintura, me recuerda las posibilidades.

Las posibilidades no siempre nacen de la disponibilidad de lo que se necesita para tener éxito. Nacen en el momento en que te decides a seguir adelante para alcanzar tus objetivos a pesar de las piedras que la vida te ha lanzado. En ese momento, en lugar de dejar que tus debilidades te paralicen, dejas que te inspiren a ser más grande. Cuando tus miedos y dudas son los que más gritan y te dicen que no puedes, levantas la voz en tu cabeza y gritas que sí puedes. En el momento en que puedes hacer esto, nace tu guion de éxito.

Recuperar y retener la corona

Si en este momento no puede decirse a sí mismo que puede hacerlo, le sugiero que deje de leer más y vuelva al principio de este libro y empiece de nuevo. No estoy diciendo que sus miedos hayan desaparecido o que no tenga ninguna duda sobre usted mismo. Porque siempre estarán ahí. Y si por alguna razón no tienes miedos o dudas, diría que deberías volver y leer el capítulo uno porque definitivamente suena como si estuvieras de vuelta en tu zona de confort. En este punto, deberías seguir sintiendo cierta presión sobre el siguiente paso que estás a punto de dar, pero al mismo tiempo, deberías ser capaz de decir que puedes hacerlo.

Reclama tu corona afirmando positivamente tus habilidades y mantén la corona, y así evitarás las voces de la duda. No hay píldoras que puedan llevarte a este punto. Y no hay ninguna cantidad de tiempo en el sofá del psicólogo que pueda arreglar esto. Esta es una decisión que tienes que tomar al 100% por tu cuenta. Todo lo que he dicho aquí sólo puede inspirarte a dar el siguiente paso, pero sin dar ese paso, siempre estarás al otro lado de la línea. Tenemos un obstáculo más que cruzar antes de pasar a la siguiente parte donde realmente empezamos a prepararnos para hablar en público. Pero requiere que admitas que puedes hacerlo. Aun así, ¿necesitas un pequeño empujón para acercarte a la línea?

Aquí hay un resumen de lo que hemos aprendido hasta ahora:

- Las palabras que te dices a ti mismo tienen un efecto más poderoso que cualquier otra cosa que alguien pueda decirte. Necesitas empezar a "regarte" desde dentro con palabras positivas.

- La única razón por la que no puedes hablar en público es que te has dicho a ti mismo que no puedes.

- Nada es imposible en el momento en que te lo propones.

- Usted controla los límites de su potencial. Sólo puedes rendir tan bien como crees que puedes hacerlo.

- La afirmación positiva es una forma de tomar los retos que la vida te lanza para construir tu éxito.

Sus tareas:

1. Imagínate actuando en el escenario. De principio a fin, deja que toda la experiencia sea positiva. Medita en esta imagen al menos una vez a la semana.

2. Escriba con detalle cómo le gustaría ver su actuación como orador público. Coloque este artículo escrito en algún lugar accesible y léalo en voz alta todos los días. Modifícalo a medida que crezcas.

3. Piensa en tu vida y encuentra una experiencia que te permita superar un desafío. No tiene por

qué ser algo grandioso. Si has estado cumpliendo con las tareas asignadas en el capítulo anterior, deberías tener algo en tu lista. Si no es así, ponte a ello.

4. Pide a tres personas de tu círculo que te conozcan de algún modo que enumeren tus cualidades y tus "debilidades" en dos hojas separadas. Estudia esa lista y averigua cómo hacer que te ayuden a conseguir tu objetivo. No interiorice las debilidades percibidas; en su lugar, empéñese en ellas. Por ejemplo, si alguien dice que usted está retirado en las multitudes, dígalo de otra manera para significar que le gusta observar su entorno.

5. Enumera tres cualidades que tienes y cómo crees que esas cualidades te han servido en tu trabajo, en tus relaciones y en la vida en general.

El capítulo final de esta sección reflexiona sobre el viaje que hemos hecho hasta ahora y nos sitúa en un espacio mental que desafía lo que hemos aceptado como el status quo. Entramos en las mentes de los campeones y descubrimos lo que les hace funcionar.

CAPÍTULO CUATRO

ELIMINANDO LOS OBSTÁCULOS

"El mayor obstáculo

...que tienes que superar es tu mente.

Si puedes superar eso,

puedes superar cualquier cosa".

Desconocido

Bloqueos emocionales

Esta cita me recuerda una cita que escuché de un héroe poco probable. Soy uno de esos adultos que disfrutan del entretenimiento de los niños. Se puede decir que, en el fondo, todavía soy un niño grande. Algunos de mis héroes favoritos no son de Marvel o DC Comics. Residen en Dream-Works o en el estudio de animación Pixar y ahora mismo, los chicos de *Kung Fu Panda* son los mejores. En la última serie, hubo una parte en la que uno de los personajes le dice a sus estudiantes "antes de la batalla del puño viene la batalla de la mente". Puedo intentar establecer la premisa para esta declaración, pero eso llevaría a un libro totalmente diferente y ambos sabemos que no te apuntaste a eso. Además, dado el título de este tema, creo que ya tenemos más que una idea justa de a dónde quiero llegar con esto. Pero mantén ese pensamiento por un momento. Dejemos la arena de los niños y vayamos a la arena de la lucha o del boxeo.

¿Has notado que antes de una pelea (por cierto, no soy un gran fan de ellas, pero es una excelente ilustración), las personas que se pelean entre sí son puestas en la misma sala frente a un pequeño público donde se les da una bofetada? Para los organizadores del evento, es una gran manera de promover el espectáculo y hacer buenas ventas. Para el público y cualquiera que lo vea, es un gran entretenimiento y un incentivo para ver la pelea. Para los luchadores, su objetivo es diferente. Algo siniestro, algunos pueden decir. Para ellos, esta charla es una forma de meterse en la cabeza de su oponente y sacarlo de su juego. Antes de la batalla del puño viene la batalla de la mente.

Ahora déjenos devolverle esto. Al salir al escenario es donde su "batalla" ocurrirá, pero la lucha comienza mucho antes de que usted entre en ese escenario. Y como estoy seguro de que ya lo sabes, la persona contra la que luchas es contra ti y esa suele ser la pelea más dura porque conoces todos tus puntos débiles emocionales, así que cuando te metes en una sesión de "charla" contra ti mismo, te noqueas a ti mismo antes de subir al ring. Una típica charla entre dos personas normalmente se centra en las debilidades del otro. Lo que sucede en una pelea es que estas dos partes se burlan de cosas que a veces son muy personales para el equipo contrario. En tu situación, no te estás burlando de ti mismo (aunque algunos de nosotros usamos el humor para criticarnos a nosotros mismos), sin embargo, estás haciendo un muy buen trabajo al socavar tus habilidades. Digamos, por ejemplo, que tienes un problema con la forma en que pronuncias ciertas palabras; cuando tienes esa charla interna de bofetada contigo mismo, cada insulto o comentario negativo que has recibido sobre este defecto se amplifica y se convierte en el centro de atención. Esto se vuelve peor cuando se te pone en una situación que requiere que uses esta cosa de la que la gente se ha burlado de ti antes incluso de prepararte para salir al escenario.

En general, toda inseguridad que hayas enfrentado tendrá su momento en el centro de atención y en el juego de las mentes, esto te hará aún menos confiado y menos dispuesto a ir a la ofensiva. Parecería como si te pusieras a ti mismo para que otras personas te juzguen cuando en realidad, la única persona que juzga eres tú. Estos comentarios negativos pueden pesar sobre ti debido a tu conexión emocional con ellos. Para ayudarte a superar tu obstáculo emocional, decidí seguir las indicaciones del rey de la bofetada ya que estamos en el tema. Si eres un fanático de la televisión basura, puede que te hayas encontrado con algo llamado "Yo Mama". "Es una forma de hablar de la heroína en la que la gente hace bromas tontas sobre su oponente empezando con "Yo mama". Solía pensar que no había una estrategia y que se trataba de tener los mejores chistes. Pero estaba equivocado. Imagina esto. Tienes una situación en la que una persona se enfrenta a un golpe personal que se convierte en una broma y todo el mundo se ríe porque es una broma muy buena. Y luego la persona que recibe la broma no la toma como algo personal, sino que le da la vuelta y regresa con ella, a veces noqueando a su competencia en el proceso.

Luego tienes a la otra persona que escucha este chiste sobre algo que le hace sentir inseguro y se siente aplastado por ello. En esta situación, son incapaces de ver más allá de la intención de la otra persona y por lo tanto salen del juego antes de lo que deberían. La diferencia entre los dos no está sólo en la forma en que reaccionaron a las bromas hechas sobre sus inseguridades. Es cómo escucharon el chiste. La primera persona vio una oportunidad en esos insultos, y la usó para volver, mientras que la segunda persona no lo hizo. Es lo mismo cuando tienes una charla de bofetada mental contigo mismo. Necesitas separarte emocionalmente de lo que sea que tengas contra ti mismo. Busca una laguna jurídica y luego hazte regresar con ella.

Con la nueva información que acaba de recibir, volvamos a la hipotética inseguridad que tiene con su forma de hablar. Lo más probable es que le preocupe que cuando suba al escenario, su defecto de habla se haga evidente. En lugar de hablar de ti mismo fuera del juego, piensa en ello como una oportunidad para educar a la gente que te rodea sobre los problemas del defecto en el habla. Lo que este tipo de pensamiento hace por ti es que te ayuda a reconocer esas cosas que consideras defectos y a aceptarlos. Y no sólo lo aceptes como una debilidad. Mira cómo puedes convertirlo en tu fortaleza. En este escenario hipotético, tu fuerza sería un conocimiento de primera mano sobre algo que mucha gente ignora. Tomando esta perspectiva, el escenario ya no se convierte en una arena para mostrar tu debilidad. En su lugar, se convierte en una plataforma que enmarcaría tu fuerza. Supongo que lo que estoy tratando de decir en todo esto es que, en primer lugar, tienes que aceptar tus defectos. Esa es la primera batalla emocional que tienes que superar. Si aceptas tus defectos, nadie puede usarlos en tu contra, ni siquiera tú mismo.

La Crítica

Cuando se trata de la crítica, siento que el mundo del arte es el mejor lugar para usar como ilustración porque los artistas se enfrentan a muchas críticas por el trabajo que hacen y, sin embargo, de alguna manera superan las expectativas de sus críticos y sobresalen en su juego. Un ejemplo de uno de estos artistas es el gran Pablo Picasso. Cuando Picasso mostró por primera vez su técnica de arte al mundo, recibió muchas críticas por ello. Algunos llegaron a describirlo como demoníaco y sus dibujos como algo de otro mundo. Muchas de esas personas no pensaron que llegaría lejos en el mundo del arte. Pero lo hizo y la generación actual lo considera probablemente uno de los más grandes. ¿Y sus críticos? Bueno, digamos que su reclamo a la fama son las palabras que usaron para describir su arte, lo que no refleja bien su legado en absoluto.

Cuando te enfrentas a la oportunidad de hablar en público, el segundo obstáculo emocional que tienes que superar es la crítica. En este sentido, primero, tenemos que culparnos a nosotros mismos ya que somos los peores críticos. Y luego tienes las críticas de los segundos partidos. Pero en mi opinión, la crítica de los segundos partidos no es realmente importante en este momento porque lo que dicen es generalmente un eco de lo que piensas. Además, hay formas constructivas de crítica que te construyen. Así que esto nos lleva de vuelta a ti. Es tu responsabilidad evitar que caigas en la trampa de las críticas. Tienes que llegar al punto en que entiendas que esto no se trata de ti o de tu actuación. No vas a subir al escenario para ser juzgado, aunque lo parezca. Estar de pie frente a un grupo de extraños se siente como si te abrieras para que los del otro lado te critiquen, pero esto está lejos de la verdad. Tienes que cambiar la perspectiva de esto si quieres superar el problema de la crítica. La gente que viene a oírte hablar está ahí para quitarte algo de lo que dices y la única vez que criticarán es cuando te pones ahí y no dices nada. Incluso en eso, encontrarías gente que consideraría tu silencio como una declaración muy vocal.

La conclusión es que no puedes controlar lo que la gente va a pensar de ti y por lo tanto, ¿por qué querrías desperdiciar tus recursos mentales en lo que se puede o no se puede decir? Si alguien como Pablo Picasso, cuyo arte es muy buscado hoy en día, pudiera ser criticado por su trabajo, yo diría que todos estamos en juego. Así que, para este segmento mi consejo es el siguiente: En lugar de preocuparse por las opiniones de otras personas, concéntrese en su arte. Céntrate en lo que vas a decir (ya hablaremos de ello en capítulos posteriores). Así es como se superan los obstáculos asociados a la crítica. Ahora sé que esto no es fácil y es exactamente por eso que usé el mundo del arte como una ilustración. En el arte, la perfección existe, pero la perfección se basa en la perspectiva. ¿Ha oído el dicho de que la carne de un hombre es el veneno de otro hombre? Siempre habrá puntos de vista opuestos en todo. No importa lo bueno que seas, siempre habrá gente que no valorará lo que haces. Incluso la persona que está clasificada como el mejor orador público en el mundo todavía tendría una secta de personas que pensarían que no valen nada. En conclusión, acepta el hecho de que a algunas personas no les vas a gustar de todos modos, sin embargo, no vas a subir al escenario para que te gusten. Concéntrate en tu objetivo y cuando las críticas lleguen después de que hayas terminado, recuerda las lecciones del segmento anterior y sigue con los golpes.

El poder de la imaginación

Hubo algo que aprendí muy pronto en la vida y esto es gracias a la relación que tuve con mis padres. Ellos me inculcaron la apreciación de esta verdad fundamental y me he llevado esta verdad conmigo en todo lo que hago. Es muy simple, realmente, y estoy seguro de que, en algún momento de su vida, puede que lo haya escuchado. La verdad es ésta: Usted es un producto de su imaginación. En palabras ordenadas, si puedes pensarlo, puedes serlo. Si no puedes pensarlo, no puedes serlo. No importa cuán educado seas. No importa cuán conectado estés. Sólo puedes ser tan poderoso como tu imaginación. Si hay algo que he tratado de establecer desde el principio de este capítulo hasta este punto, es el hecho de que la mente es donde se crea casi todo lo que experimentas. Si vas a imaginar cosas negativas, debes esperar tener experiencias negativas. Si todo lo que puedes imaginar en este momento, después de todo lo que has aprendido hasta ahora, es cómo vas a subir al escenario y ser terrible en ello, mi querido amigo, está garantizado que vas a ser terrible.

Así de influyente es tu imaginación. Ahora bien, si te imaginas subiendo al escenario y haciéndolo excelentemente bien, es probable que esto sea una realidad para ti. Sin embargo, tu trabajo no se detiene en imaginar los resultados. Tiene que haber algún trabajo que asegure que lo que imaginas se convierta en realidad, y de eso trata el resto de este libro. Quiero llevarte a ese punto en el que estés completamente emocionado de estar en el escenario. No te concentres en calificar tu actuación (al menos no hasta que termines). Todo lo que puede hacer por ti es ralentizarte. La idea de usar tu imaginación para alimentar tu actuación no se trata de obtener el 100% de tu puntuación o los aplausos que recibes. Se trata de subir al escenario y disfrutar de la experiencia. Cuando disfrutas de la experiencia, no importa lo que los demás piensen de tu actuación. Ahora bien, si se combinan las expectativas de la experiencia con las directrices prácticas de preparación a las que llegaremos más adelante en este libro, se incrementan las posibilidades de que la gente disfrute viéndote en el escenario de esta manera. Hasta ahora, todo lo que he hablado ha tenido que ver con la reorientación de su mente. Quiero que te metas en el espacio donde tienes la mentalidad de ganador. Así que, esto es lo que deberías sacar de este segmento: No tienes que tener los mejores chistes. La gente sólo necesita ver que estás ahí arriba y pasándola bien, y empiezas ese proceso imaginándote ahí.

Satisfacer sus miedos

Siguiendo con el tema de este capítulo, hay algunas preguntas que quiero que se hagan. Preguntas como ¿qué es lo peor que te puede pasar en el escenario? ¿Qué es lo más loco, lo más insano, fuera de este mundo que puede pasarte en el escenario para arruinar tu experiencia de hablar en público? Cuanto antes encuentres las respuestas a estas preguntas, más rápido podrás superar tus miedos. El concepto de satisfacer tus miedos no se trata de centrarse en lo negativo. El hecho es que a menudo, las cosas que más tememos son las que no hemos pensado realmente. Es como el hombre del saco. Tenemos esta vaga noción de esta entidad y no nos enfrentamos a esta vaga noción.

En su lugar, sólo aceptamos la realidad de su existencia. Pero luego cuando lo enfrentas de frente, te das cuenta de que no había ninguna razón para tener miedo en primer lugar.

Esto es lo que significa satisfacer tus miedos. Hazte esas preguntas con las que no te sientes cómodo y asegúrate de obtener las respuestas. ¿Tienes miedo de que cuando subas al escenario la luz caiga sobre ti? ¿O tal vez temes que tu ropa desaparezca mágicamente de alguna manera? Suenan como preguntas tontas, pero te sorprenderá cómo estas preguntas tontas dan forma a nuestros miedos. Así que hoy, ahora mismo, toma una hoja de papel y pregúntate a ti mismo a qué le temes exactamente y haz lo mejor que puedas para ser honesto con las respuestas porque es de las respuestas de donde obtienes la solución. Cuando tus miedos se satisfacen, pierden su control sobre ti y cuando ya no lo tienen, te vuelves libre. Y en este caso, eres libre de ser el mejor orador público que puedas ser.

Este capítulo trataba de ayudar a dar sentido a las luchas emocionales que tienes y de darte una pequeña visión de las consecuencias de tus pensamientos porque sí, las cosas en las que piensas pueden dar forma a tus experiencias. En este resumen, vamos a centrarnos en los cuatro principales obstáculos emocionales a los que nos enfrentamos y en cómo podemos superarlos:

- Socavan sus habilidades al enfocarse en sus debilidades. Para ganar en el escenario, primero debes ganar la batalla de la mente. Acepta tus defectos.

- Tu miedo a las críticas puede sacarte lo mejor de ti. Concéntrate en tus esfuerzos en vez de intentar predecir las opiniones de los demás.

- Sus expectativas de su actuación en el escenario marcan el tono de todo. Espere grandes cosas.

- Los miedos tienen un efecto paralizante. Libérese enfrentando esos miedos.

Sus tareas:

1. Escriba una descripción vívida de cómo imagina que sería su experiencia escénica. Sólo hay dos reglas para esto. La primera regla es que no te limites a ti mismo de ninguna manera. No importa cuán tonto creas que pueda ser un concepto, si quieres que sea parte de tu experiencia escénica, inclúyelo. Un ejemplo sería que imaginas que tu pelo en el escenario sería perfecto como el de una estrella de cine. No importa si tienes pelo o no, sólo inclúyelo como parte de la experiencia. La segunda regla es que no se permite ninguna forma de negatividad. No puedes incluir

ningún elemento negativo en esta narración de tu experiencia escénica.

2. Haz una lista de todas las cosas que crees que pueden salir mal en el escenario. Esta lista debe ser escrita en un formato de preguntas y respuestas. Así que, en lugar de imaginar lo que piensas que puede salir mal, hazte una pregunta sobre ello. Por ejemplo, en lugar de decir "Me preocupa que se apaguen las luces", pregúntate: "¿Por qué se apagarían las luces cuando estoy en el escenario?" Y luego tratas de responder a esas preguntas lo más posible. Cuando termines de recopilar las preguntas y respuestas, el siguiente paso será evaluar esos temores.

3. Mira las preguntas y luego delibera sobre ellas. Decida si un miedo (expresado aquí como una pregunta) está en la misma categoría que el hombre del saco o si cae dentro del reino de la posibilidad. Al lado de cada pregunta, escriba su conclusión sobre el tema. Si cree que es válida, indíquelo. Si no, escriba la palabra *"irracional"* al lado. Esto te ayudará a ordenar tus miedos en categorías.

4. Lee esta lista todos los días antes del día en que tengas que subir al escenario.

5. Para las preguntas que considere válidas, cree un plan de acción para resolverlas.

SEGUNDA PARTE

PREPARANDO EL ESCENARIO

CAPÍTULO CINCO

ENTENDIENDO LOS PORQUÉS

"Su preparación para el mundo real

no está en las respuestas que ha aprendido,

pero en las preguntas ha aprendido cómo

preguntarte a ti mismo."

Bill Watterson

Encuentra tu propósito

Ahora que hemos superado algunas de las luchas internas que están teniendo, es hora de empezar a hacer las preguntas más difíciles y tomar una postura más firme sobre las cosas. Antes de este capítulo, diría que hemos dado pasos de bebé para sentar las bases de la siguiente etapa. Y ahora, este es el punto en el que te haces preguntas como, "¿Por qué estás haciendo esto, de todos modos?" Hay una gran diferencia entre querer hacer algo y entender por qué tienes que hacerlo. Y esa diferencia es el factor de motivación que te llevará a través de las partes más tormentosas de este viaje. Sabemos que la vida siempre vendrá con desafíos y con este tema, no me refiero sólo a hablar en público. Es algo que se aplica a todas las áreas de tu vida también.

Lo loco de estos desafíos, en mi opinión, es que no están destinados a descarrilarte o sacarte del camino en el que crees que debes estar. De hecho, creo que están destinados a impulsarte hacia adelante porque los desafíos que atraviesas en la vida es lo que te ayuda a definir la razón por la que lo estás haciendo en primer lugar. Ahora volvamos a hablar en público. Me resulta difícil creer que subas al escenario para marcar un elemento de tu lista de cosas pendientes. En teoría, podría ser una idea genial, pero ¿por qué lo hizo en su lista de todos modos? Esa pregunta es para que la respondas si esa es tu situación. Para cualquier otra persona, diría que cualquier razón que no resuene profundamente dentro de ti no es suficiente para que sigas adelante, especialmente cuando llegan los desafíos (te garantizo que lo harán). Si entiendes por qué tienes que hacer algo, aunque no sea exactamente algo que te haya gustado en primer lugar, te mantienes motivado para hacerlo.

Recuerdo que cuando era muy joven, mi padre estaba muy involucrado en un proyecto comunitario que ayudaba a los jóvenes a conseguir trabajo. Había un evento semanal del que él estaba a cargo y solía hacer que yo lo acompañara. Lo odiaba porque teníamos que levantarnos temprano para llegar a donde íbamos para obtener los recursos que necesitábamos para usarlos más tarde en el día para este evento semanal. Era un gran desafío porque estos lugares estaban en extremos opuestos de la ciudad. En un extremo, tenías los recursos y en el otro extremo, tenías el evento. Y mi padre sólo tenía este día de la semana para hacerlo porque tenía que trabajar a tiempo completo cada dos días. Yo, en su mayoría, lo odiaba y no puedes culparme, no entendía por qué tenía que estar involucrado en esto de todos modos. No es que mi padre y yo tuviéramos ningún momento especial de unión durante el curso de esto (o eso pensaba). Siempre lo vi como algo que mi padre quería hacer y no ayudó que mi madre lo llamara la mascota de mi padre de esa manera tan negativa que sólo las madres pueden hacer. Pero a pesar de los desafíos asociados con la realización de cada evento semanal, nunca vi que retrasara a mi padre de ninguna manera. Nunca faltó a una semana y, por lo que recuerdo, siempre fue puntual. Era casi como si con cada desafío, estuviera más inspirado para hacerlo. En la mañana de uno de esos días de eventos, me despertó y como de costumbre me quejé y me quejé. Entonces se me metió en la cabeza hacerle esta pregunta pertinente: "¿Por qué nunca te cansas?" Su respuesta fue simple pero muy profunda. Dijo: "Por Tim y por todos los demás Tim que están ahí fuera. "

Ahora la historia de Tim viene con un montón de carga emocional para mi familia, especialmente para mi padre, así que no voy a entrar en eso aquí. Sin embargo, recuerdo su respuesta porque su vívida descripción de su propósito me hizo entender inmediatamente por qué mi padre seguía siendo obstinado con su trabajo. Apuesto a que cada vez que tenía que arrastrarse fuera de su cama en un día en el que debería haber estado descansando, la imagen mental de Tim pasaba por su mente y se levantaba en un instante. Hablar en público no es algo que debas hacer por la influencia o para impresionar a algunas personas. No a menos que estés de acuerdo en hacerlo esa vez. Pero si quieres hacer una vida de esto e ir lejos, si realmente quieres superar los desafíos que te esperan, tienes que entender por qué lo hacías y cuando entiendas el *por qué*, los desafíos que te esperan no serán suficientes para detenerte.

Moverse con la multitud

Antes de entrar en este segmento correctamente, me gustaría comentar cuantas contradicciones hay en la vida. En un extremo, tienes gente que te dice que es importante para ti ser un individuo. Dicen que no hay que ir con la multitud. Y en el otro extremo, hay gente que dice que la voz del pueblo es la voz de Dios, así que cuando la multitud habla, sólo tienes que escuchar y seguir. Es difícil discernir qué es lo que mejor se aplica en este escenario, especialmente si todavía estás luchando con muchos problemas personales dentro de ti mismo. Si no te has definido a ti mismo y aún así llegas a ese lugar donde no aprecias el valor que tienes para ofrecer al mundo, es difícil decidir si vas a quedarte solo o simplemente mezclarte con la multitud.

Cuando se va a hablar en público, este es uno de esos casos en los que tenemos que aplicar un poco de ambos, y por ambos, me refiero a su individualidad y a las opiniones de la multitud. El hecho es este: La gente viene a oírte hablar y cuando la gente trabajadora se toma el tiempo de su día para venir a escucharte, es probable que haya un mensaje que esperan obtener de lo que les digas. Ahora bien, no sé en qué plataforma vas a hacer esta cosa de hablar en público; tal vez sea un proyecto de trabajo o tal vez quieras afinar tus habilidades para ser el maestro de ceremonias en los eventos. Podría ser algo tan simple como hacer un discurso de padrino en la boda de tu amigo o quizás algo un poco más complejo como tu primera incursión en el campo de la política... sean cuales sean tus razones, tienes que tener en cuenta que la multitud está ahí por una razón y si no eres capaz de llevarla en tu mensaje, la perderás.

Dicho esto, tampoco creo que debas complacer todo lo que la gente quiera. Tengo experiencia en mercadeo como probablemente sabes, y hay algo que aprendí de mi mentor en el campo que es muy clave para ejecutar una campaña de mercadeo exitosa. Nos enseñan que a menudo, el cliente no sabe lo que quiere. Al menos no hasta que se lo propongas. Siento que tendría sentido aplicar esa sabiduría aquí. Tu público puede venir a tu evento con una cosa en mente, pero hay una forma de lanzar tu individualidad a ellos que haría que se interesaran. Así que ahora ves por qué digo que tienes que seguir la línea entre tener un poco de tu individualidad en exhibición y atender las necesidades de la multitud. En los capítulos siguientes, veremos cómo puedes mover a la multitud, pero antes de llegar a ese punto, aquí es donde se establecen los cimientos centrándose en cómo quieres transmitir el mensaje utilizando los dos ingredientes esenciales para hablar en público: tu individualidad y las necesidades de la gente.

La verdad contra tu verdad

Después de decidir cómo quieres pasar el mensaje, lo siguiente importante es centrarse en lo que el mensaje va a ser. ¿Sabes cómo dicen que hay dos lados en cada historia? De la misma manera, cuando se trata de hablar en público, hay múltiples perspectivas. Sin embargo, hasta que no entiendas las complejidades de esto, hay dos perspectivas que son las más importantes. La primera es la verdad. Siempre es importante que cuando subas al escenario, no importa lo desagradable que sea, compartas esa verdad por lo que es. Si no por cualquier razón, hazlo por el bien de tu integridad. Cuando subas al escenario y hables frente a una multitud que es una campana que no puede ser desarmada, tienes que asegurarte de que cada palabra que pongas ahí fuera esté apoyada por la verdad. Si estás tratando de encontrar el valor para decir la verdad, debes empezar con la suposición de que la gente con la que estás hablando va a ser muy inteligente. Si ha prestado alguna atención a los debates políticos, verá que los candidatos vienen bien preparados con hechos y cifras.

La gente no va a venir al evento y tragarse todo lo que digas anzuelo, línea y plomada. Tienes gente que va a tomar notas, gente que va a analizar todo lo que has dicho y lo más probable es que quieran implementarlo en sus propias vidas. Si parte de lo que has dicho o todo lo que has dicho es falso, pones en peligro sus posibilidades de éxito y socavas tu propia integridad. Este no es un récord que quieras establecer para ti mismo. En las noticias, hemos oído hablar de quienes han obtenido ingresos por vender mentiras al público - y algunos de ellos han tenido mucho éxito en ello también - pero al final del día, sus mentiras los atraparon. En el otro espectro, hay gente que ha mantenido su integridad en el comercio y aun así ha amasado una fortuna en el proceso. Dicho esto, nuestro objetivo aquí no es la riqueza que viene de jugar en el campo. En general, se dice que un buen nombre es mejor que las riquezas. Esta oportunidad de hablar que se le ha dado lo pondría en una plataforma que puede elevarlo a un escenario global. Traerá oportunidades que transformarán tu vida. Muchos cambios ocurrirán, pero lo único que no debería cambiar es la integridad asociada a tu nombre. Y esto me lleva a la segunda perspectiva: tu verdad.

Ahora, en la aplicación de la verdad que va a compartir con la multitud, estoy muy seguro de que hay lecciones personales que aprendió en el camino. Como orador público para cualquier propósito, es importante que infundas estas experiencias personales con la verdad que ya está ahí fuera o que acabas de descubrir en el camino. Esto te da autenticidad y si eres lo suficientemente fiel a tu persona, te conectará mejor con tu público. Por favor, presten atención aquí, ya que esto es algo muy importante. La mayoría de la gente puede no querer identificarse con la verdad que has puesto ahí fuera, pero si te quedas en esa verdad y eres auténtico en ella, serías capaz de tamizar a través de la multitud de errantes para encontrar el tipo exacto de multitud con la que quieres compartir tus ideas. La gente piensa que tener una gran multitud es un testamento de tu éxito como orador público, pero en realidad, es el número de personas en esa multitud que eres capaz de impactar con éxito lo que habla de tus logros. Y creo que el tipo de gente que caería en esa categoría son aquellos que se conectan contigo. Son los que estarían dispuestos a implementar esas ideas que compartes. Así que, en conclusión, mantén el rumbo con la verdad y por todos los medios mantén tu autenticidad al compartir esa verdad.

Defínase

¿Alguna vez te has sentado sola en la oscuridad y te has preguntado: "¿Quién soy? ¿Por qué estoy aquí? ¿Cuál es mi propósito? "Creo que en algún momento de nuestras vidas, todos hemos tenido lo que el mundo describe hoy como una *crisis existencial*. En este estado, nos cuestionamos prácticamente todo sobre nosotros. Esto es bueno. Excepto que cuando se tiene una crisis existencial, no se opera exactamente con el estado de ánimo adecuado. Así que las respuestas que tienden a surgir surgen del miedo, la ansiedad y a veces la pérdida. Para responder a la pregunta de quién eres, necesitas alejarte de la circunstancia. Porque, si te dejas definir por la circunstancia que te rodea, no podrás alcanzar todo tu potencial. Hay mucho más en ti que tus experiencias y si conozco algo de la vida, es el hecho de que las experiencias cambian según el estado de tu mente. Es por eso que ciertas cosas que te causaron tanto dolor hace algunos años pueden ser objeto de risa cuando las miras ahora. Así que, si tus experiencias te van a definir, significa que eres esencialmente lo que estás experimentando en un punto específico de la vida. Esto sería muy triste porque significaría que hay una posibilidad de que se nos describa por una suma total de nuestros fracasos, nuestros éxitos, nuestra vergüenza y nuestras glorias.

No es así como me imagino a cada persona. Siento que tenemos mucho más que ofrecer. Y como un orador público que está empeñado en decir la verdad y sólo su propia verdad, necesitas la fuerza de carácter para lograrlo. La fuerza de carácter viene de estar enraizado en la verdadera versión de uno mismo. Sólo puedes ser la verdadera versión de ti mismo si te tomas el tiempo de reflexionar sobre estas preguntas que hicimos al principio de este segmento y proporcionas respuestas que están fuera de las experiencias que estás teniendo en este momento. Esto puede ser mucho pedir, pero en el segmento de tareas de este capítulo, he dado un proceso detallado paso a paso sobre cómo puedes definirte a ti mismo.

Recuerda, la confianza no viene de saber todas las respuestas o de ser querido por todos. La confianza viene de saber la respuesta correcta a la pregunta de: ¿Quién es usted? Responde a esta pregunta y no hay ningún escenario que sea demasiado grande o demasiado pequeño para ti.

Para terminar este capítulo, repasemos los puntos más destacados:

- Conéctese con la oratoria teniendo una clara comprensión de por qué lo hace. No tiene que ser algo grandioso. Pero deja que sea lo suficientemente vívido como para sacarte del sofá y subirte al escenario cada vez que te llamen.
- La combinación ganadora para ganarse a la multitud es decir lo que quieren oír y hacerlo de la manera que sólo tú puedes.
- Mantén tu integridad diciendo la verdad. Muestre su individualidad siendo auténtico.
- Define tu personalidad y luego usa esta personalidad para conectar con la gente.

Sus tareas:

1. Empieza por identificar tus pasiones. Escriba una lista de cosas que estaría más que feliz de

2. Haz otra lista de las cosas que te gustaría hacer y sientes que si las hicieras te haría feliz.

3. Crea un plan de acción sobre cómo puedes hacer esas cosas y date dos semanas para seguir con este plan de acción.

4. En la marca de las dos semanas, mira las cosas que has marcado en esta lista y las que no. Las cosas que has hecho, escribe cómo te hicieron sentir. Las cosas que no has hecho, escribe por qué no las has cumplido.

5. Ahora clasifica las cosas que has hecho y que te gustaría hacer, y añádelas a la primera lista que has creado para esta tarea. Para las cosas que no has hecho, archiva eso en una carpeta de "curiosidad".

Las respuestas a las que llegues darán pistas sobre tu personalidad. Puede que aún no estén relacionadas con la oratoria, pero a medida que esta lista crece, se obtiene un mejor conocimiento de sí mismo. Cuando te conoces mejor, desarrollas una relación más saludable contigo mismo y es a partir de aquí que puedes responder con confianza a las preguntas de por qué, qué y quién. En el próximo capítulo, vamos a quitarte

hacer, aunque no le paguen por ello. Ponga esta lista a un lado.

el enfoque y ponerlo en el tema sobre el que piensas hablar. Prepárese.

CAPÍTULO SEIS

ELIGIENDO SUS PELEAS CUIDADOSAMENTE

"Elija sus batallas sabiamente. Después de todo, la vida no se mide

por cuántas veces te has levantado para luchar.

No es ganar batallas lo que te hace feliz,

pero es la cantidad de veces que te diste la vuelta y elegiste

para buscar una mejor dirección.

La vida es demasiado corta para gastarla en la guerra.

Lucha sólo contra los más, más, más importantes, dejar ir al resto."

C. JoyBell C.

Cómo decidir el qué

Antes de profundizar en este tema, es importante que reconozcamos el viaje que han hecho hasta ahora. Dupliquen los reconocimientos si han seguido todas las tareas dadas en cada capítulo. Al apreciar lo lejos que has llegado, eres capaz de potenciarte mentalmente para el viaje que tienes por delante. Y aunque sientas que has retrocedido en ciertas áreas y no has superado tus miedos, no dejes que eso te disuada. En cuanto a los miedos, no sé si han escuchado esto, pero seguiré adelante y lo compartiré con ustedes. El coraje no es la ausencia de miedo, sino la elección de seguir adelante y hacer lo que hay que hacer de todos modos. En otras palabras, *ese* miedo siempre va a estar ahí. La única diferencia es que, con el tiempo, será más fácil de superar. Desde el momento en que te invitan a hablar hasta el segundo en que sales del escenario, experimentarás esa sensación de nerviosismo que hace que parezca que tus piernas se han vuelto gelatinosas y tu estómago se está hundiendo. Pero con cada discurso, se vuelve aún más experimentado en ignorarlos. Con esa seguridad, abordemos nuestra siguiente tarea del día.

Ahora, este capítulo en particular es otro paso muy importante en este viaje porque aquí es donde se decide lo que se va a poner en escena verbalmente. La gente subestima la cantidad de trabajo que implica la preparación de un discurso. Cuando vemos a nuestros oradores favoritos hacer lo suyo en el escenario, debido a su excelente elocuencia y suavidad en la entrega, muchos de nosotros (incluido yo mismo) asumimos que esto es algo que les sale naturalmente. Pero la verdad es que los mejores discursos están bien pensados y ensayados con días, si no meses, de antelación. No conozco a mucha gente que suba al escenario y "improvise", como dicen. No a menos que seas un profesional e incluso los profesionales se toman ese tiempo para practicar. Anteriormente, usamos los debates políticos como una ilustración, y voy a volver a ello otra vez porque siento que esta es la forma más brutal de hablar en público y si puedes hacerlo bien aquí, puedes hacerlo bien con todo lo demás.

Cuando miras los debates políticos, ves a estos candidatos discutiendo sus puntos entre ellos, pero lo que no llegas a ver es lo que sucede entre bastidores. Antes de la fecha del debate propiamente dicho, hay varias recreaciones del debate y el objetivo es que el candidato llegue a ese punto en el que pueda hablar cómodamente sobre los posibles temas que puedan plantearse. Quieren ser capaces de argumentar sus puntos mientras se aseguran de que sus opiniones sean escuchadas. Las personas que los entrenan a través de estos simulacros de debate subrayan la importancia de atenerse a los hechos mientras muestran su personalidad. Puede que no vayas a un debate político, pero si quieres sobresalir como orador público, tienes que imbuirte de las mismas prácticas. Tómese su tiempo para planificar su discurso y luego ensaye tan a menudo como pueda.

Lo más probable es que ya se le haya dado un tema con el que trabajar. Si ese es el caso, la mejor manera de sentar las bases de un discurso interesante es realizar una investigación exhaustiva sobre el tema. Recuerden, la integridad es importante, por lo tanto es esencial que la verdad sea infundida en su narración del tema. El siguiente paso sería combinar los hechos que ahora conoces con tu experiencia. En una situación en la que no se le ha dado un tema, sino sólo un tema general, lo que se quiere buscar, o mejor dicho, la primera pregunta que hay que hacerse es: "¿De qué me gustaría hablar?" Al tomar tu decisión, debes tener en cuenta que cualquier tema que elijas debe estar en línea con el tema del evento. En contextos formales, mantén tu tema en cuestiones relevantes para el tipo de organización que organiza el evento. En las ocasiones informales, tal vez quieras actualizar tu discurso para incluir noticias de moda relevantes para la ocasión. Luego tienes que averiguar cómo puedes alinear lo que estás hablando con el tema. Te recomiendo que empieces por centrarte en tu área de especialización. Siempre tendrás un conocimiento de primera mano sobre el tema e información que probablemente no sea de conocimiento común para tu audiencia.

Presta atención a las estaciones

Estoy bastante seguro de que sabe que no me refiero al clima. El mundo en el que vivimos hoy en día es un lugar muy sensible. Hay tantas cuestiones sociales que han salido a la superficie que el nivel de corrección política que uno debe dominar le hará sentir que está caminando sobre cáscaras de huevo o, peor aún, un campo de minas emocional donde un solo paso en falso verbal puede causar una reacción catastrófica con enormes repercusiones. Al apegarse a la verdad, también hay que ser sensible a la conciencia social de su entorno emocional y mental. E incluso si estás hablando en un lugar donde sientes que la conciencia social está atrasada, tienes que recordarte a ti mismo que con la presencia de la tecnología, ha derribado los muros que una vez separaron a las naciones. Las noticias viajan a la velocidad del "ahora". Puedes estar hablando a una audiencia local sin darte cuenta de que has sido puesto en un escenario global. No quieres volverte viral por las razones equivocadas. Ahora sé que esto puede parecer una presión añadida, pero en lugar de verlo de esa manera, piensa en ello como una forma de hacerte aún más equipado para tu discurso.

Tu conocimiento de las estaciones te daría una mejor conexión con la gente de tu audiencia. El hecho es que los tiempos han cambiado... mucho. La gente está pensando y sintiendo las cosas de manera muy diferente a como lo hacían en los siglos anteriores. Sé que a lo largo de este capítulo y en los capítulos anteriores a este punto, he hecho y seguiré haciendo hincapié en apegarme a la verdad por el bien de la integridad. Pero mi enfoque en este segmento es abrirlos a la verdadera naturaleza de la verdad, especialmente en estos tiempos modernos. Hemos oído decir muy a menudo que la verdad es un trago amargo. Esto es cierto y entregar la verdad desnuda en ciertas ocasiones no te dará ningún punto extra. Más bien, puede llevarte al fracaso total, lo cual no es bueno, especialmente si quieres vivir de hablar en público. Entonces, ¿cómo navegas por este turbio terreno y sales sin una mancha en tu nombre?

En primer lugar, debes tener una buena comprensión de los tiempos en los que estás. El tema del género, la sexualidad y la igualdad debe ser un factor en la verdad que estás diciendo. No puedes continuar con la misma narrativa del pasado y esperar que el presente la cumpla. En segundo lugar, debes darte cuenta de que la verdad no es finita. Hay diferentes perspectivas sobre el mismo tema y la verdad depende del punto de vista en el que se está adoptando. Por lo tanto, asegúrate de incluir tantas perspectivas como sea posible en la narración de tu verdad. Lo que estoy tratando de decir es que tienes que ser delicado cuando dices tu verdad. Sean empáticos con la gente y la atmósfera emocional de su entorno. Digamos, por ejemplo, que están presentando un tema relacionado con un proyecto de ciencia. Factor en las opiniones de algunas personas que pueden estar preocupadas por el daño potencial que este proyecto de ciencia puede causar al medio ambiente. Presente un punto de vista que aún así ofrezca la verdad y los hechos de lo que quiere hablar, pero al mismo tiempo haga un intento de abordar las preocupaciones planteadas por otras partes. Es imperativo que su discurso sea inclusivo. Utilice su voz para decir la verdad (recuerde la parte de ser auténtico) pero intente en la medida de lo posible evitar declaraciones que hagan que ciertas partes se sientan excluidas. Porque si no lo haces, no sólo tu discurso será interpretado como ofensivo, sino que también limitarás el potencial de crecimiento de tu público objetivo. El arte de desarrollar el tipo de discurso que puede apreciarse en el clima actual puede compararse con el del artista de performance que tiene que caminar por una cuerda floja a través de una larga distancia mientras hace malabares con tantos objetos como sea posible al mismo tiempo. Es difícil, pero se puede hacer.

Una cosa que siento que debo advertirte es que te guardes de ser demasiado políticamente correcto para que pierdas la capacidad de hacer cualquier impacto con la plataforma en la que estás parado. Algunos expertos contratan a profesionales para que escriban el discurso por ellos y luego tienen otro equipo que lo repasa y accede al contenido del discurso. Si puedes permitirte tener tanta gente en tu nómina, esta es una solución genial. Si no, mi regla para esto es muy simple. Intento responder correctamente a estas dos preguntas:

1. ¿Estoy tratando demasiado duro de ser querido que estoy tratando de compartir soluciones prácticas?

2. ¿Esto es una controversia de cortejo o poner demasiado aerógrafo en la verdad?

El mejor lugar para responder a esta pregunta es en algún lugar intermedio.

Creando una estrategia ganadora

Tienes que recordar que el objetivo aquí es ganar. Y cuando digo ganar, no me refiero a una medalla de honor que se daría al final de la etapa porque no hay ninguna. Tampoco es para salir de cada etapa con los aplausos más fuertes (aunque sería totalmente genial si eso también sucediera). El objetivo es superar tus miedos, subir al escenario, mantener a la multitud en tu sitio (aunque sea durante cinco minutos) y luego salir del escenario sabiendo que has logrado las cuatro cosas y que puedes volver a hacerlo si te llaman a hacerlo. Diría que hemos conseguido que la primera parte se bloquee. Esas pequeñas inseguridades susurrando razones por las que no puedes y no debes ser silenciadas y reemplazadas por las voces que te dicen que puedes. Entre esas voces, tu voz debe ser la más fuerte. Ármate con afirmaciones diarias diseñadas para encenderte desde el interior para las tareas que te esperan. Escoge palabras que resuenen profundamente contigo. Al principio, puede sonar un poco inusual viniendo de ti. Para sentirme cómodo con las afirmaciones positivas, empecé escuchando o viendo videos de mis celebridades favoritas haciendo su discurso de motivación de los lunes por la mañana. Hay algunos que son tan optimistas que de repente te sientes como un león al final. Busca lo que funciona para ti y sigue su ejemplo.

La estrategia para subir al escenario es simple. Simplemente hazlo. En el momento en que tu nombre sea invocado en el escenario, no te congeles y ciertamente no pienses en ello. Sólo súbete ahí y cada cosa que has estado practicando vendrá a ti. Puede que incluso te sorprendas a ti mismo con algunos trucos que no tenías ni idea de que conocías. Para mantener a tu público en control, piensa en ti como el mago y en tu discurso como el acto. Debes tener la introducción asesina, varias partes que se desglosan claramente para llevar a tu audiencia de un punto a otro y luego la gran salida.

Comencemos con su presentación. A algunos oradores públicos les gusta empezar con humor (hablaremos de esto dentro de unos capítulos) y a otros les gusta empezar con hechos muy dramáticos. He conocido oradores que empiezan con una biografía comprimida sobre sí mismos. Elija la que le resulte más cómoda. El humor no tiene por qué ser de la misma calidad que el de Comedy Central, pero debe ser capaz de arrancarles una sonrisa. A menos que hayas perfeccionado el arte de la sincronización de la comedia, no recomendaría ir por esos chistes clásicos en los que te paras para que la multitud se ría. Hice ese paso en falso una vez y hubo un silencio total. Sin embargo, también estaba preparado para eso. Después de un segundo o dos de no reírme, simplemente seguí diciendo, "Qué público tan duro. Obviamente, nadie vino aquí por los chistes, así que me meteré de lleno. "Esto provocó algunas pequeñas risas y seguí adelante. Ahora, lo convierto en una rutina. Doy una broma muerta y luego me divierto con que nadie se ría y me pongo a hablar. Si vais a por hechos dramáticos, empezad por decir estadísticas que no están relacionadas con el tema que estáis discutiendo y que no son de uso común. Incluso si lo están, puedes cambiar tu perspectiva interpretando esas estadísticas en términos relacionados. Así, en lugar de decir "De 100 millones de personas, sólo 10 millones de personas se lavan los dientes por la noche", puedes intentar decir "De las diez personas que se sientan cerca de ti, posiblemente sólo una se fue a la cama con aliento fresco". "Esto inmediatamente trae su enfoque al tema y despierta un interés personal en el tema.

Si lo que he hablado te parece un poco demasiado dramático, está bien empezar con una biografía muy, muy corta sobre ti mismo. Puede ser sólo tres frases y si fue escrita en un libro, no debe exceder de tres líneas. Además, recuerde que su introducción debe coincidir con el tema de la ocasión. El siguiente debe ser el tema del discurso. No dé una larga declaración que lea palabra por palabra. Divídanlo en segmentos y discutan sobre cada punto. Puedes tener pequeñas notas y tarjetas de referencia que contengan los puntos principales. Si tu presentación se hace con un proyector y una pantalla para que la audiencia la vea, mejor aún. Escribe tu discurso en viñetas en la pantalla y añade una imagen de vez en cuando. Esto los mantiene visualmente comprometidos. A los seis o diez minutos (depende de la duración del discurso para mí), les doy un poco de humor. Me gusta usar caricaturas divertidas o imágenes que parezcan extrañas, hilarantes y fuera de lugar y cuando la multitud se ríe o se ríe, hago un "oops" falso y luego lo ato al resto de la presentación. Trato de terminar antes de tiempo para poder hacer preguntas (si el evento lo permite) y normalmente llevo pequeños recuerdos conmigo. Cualquier miembro de la audiencia con la respuesta correcta obtiene un recuerdo al instante. Es una forma divertida de mantener a mi gente entretenida y me da mejores vibraciones cuando salgo del escenario. Encuentra una rutina que funcione para ti, practica y clávala.

Prepararse para el conflicto

La frase "espera lo peor y espera lo mejor" solía ser algo que me asustaba mucho. No quiero esperar lo peor. Quiero que sólo me sucedan las cosas buenas. Mi sentimiento hacia esta declaración se amplifica incluso cuando pienso en hablar en público. Pero esto fue antes de mi experiencia con la oratoria. Después de mi primer debut exitoso en el escenario (lees sobre mi anterior desastre), me di cuenta de que cuanto más preparado estuviera, mejor sería mi experiencia en el escenario. Todo esto era divertido y bueno hasta que se añadió un segmento de preguntas y respuestas a uno de mis eventos de oratoria. Esto fue mientras aún trabajaba en la empresa de marketing. No estaba listo para responder el tipo de preguntas que me llegaron ese día en el escenario. Se sentía como si fuera un ataque personal. La mayoría de las preguntas eran de empleados descontentos que sentían que yo representaba a la compañía ya que hablaba por ellos en el escenario. Por supuesto, fue injusto que me atacaran de esa manera, pero en retrospectiva, si hubiera llegado al escenario mejor equipado, habría sido capaz de plantear esas preguntas de una manera mejor y más apropiada.

No importa lo agradable, cálido, creativo o inspirador que seas, todavía hay gente que se te acercará con preguntas que te harán perder el juego. No puedes evitarlo intentando ser más agradable, cálido, creativo o inspirador de lo que ya eres. La única manera de combatirlo es anticipando la resistencia, anticipando sus preguntas y preparando sus respuestas de antemano. Intente en la medida de lo posible no tomar algunas de estas preguntas como algo personal, ya que la resistencia no siempre está dirigida a usted. En algunos casos, la gente del público puede tener alguna noción preconcebida sobre usted y al recibir su mensaje, lo filtran a través de la lente de esa noción que tienen sobre usted y responden de esa manera. En otros casos, tal vez, el problema tiene más que ver con el mensaje que con su persona.

En cualquier caso, no intente explicar sus acciones. En su lugar, haga lo posible por volver a centrar la atención en el mensaje que está tratando de transmitir. Y en el caso de que se le haga una pregunta a la que no tenga ni idea de cómo responder, puede desviar o admitir que no lo sabe. El problema de desviar es que podrías perder una oportunidad de aprendizaje tanto para ti como para la persona que hizo la pregunta. Y sólo recomendaría la desviación en los casos en que la pregunta formulada sea incitante y odiosa. Pero si viene de un lugar de genuina curiosidad, podrías decirle a la persona que la pregunta que hizo es muy intrigante y que te encantaría tener el tiempo para explorar ese tren de pensamiento aún más. Da un paso más pidiéndole que se ponga en contacto contigo a través de tu dirección de correo electrónico profesional para que puedas compartir tus hallazgos con ellos. Lo más probable es que con una respuesta como esta, ganes más gente para tu "base de fans". "En una situación en la que el conflicto no se expresa en el lugar, encontrarás algunas personas que se conectan para expresar su disgusto. De nuevo, no lo tomes como algo personal. Si no está dañando su reputación, le insto a que no lo piense dos veces. Si se han hecho críticas constructivas, mírenlas cuidadosamente y aprendan de ellas. Este es un proceso de aprendizaje para usted. Intenten tanto como sea posible aprender, adaptarse y evolucionar.

Después de completar este capítulo, llegué a una conclusión no tan sorprendente. No puedes complacer a todo el mundo por mucho que lo intentes. Lo mejor que puedes hacer es asegurarte de complacer a la mayoría y esa mayoría debe incluirte a ti mismo, a los organizadores del evento en el que hablarás y a una mayor parte de la audiencia. Si puedes hacer esto, deberías estar bien. Dicho esto, veamos cómo he llegado a esta conclusión basándome en las lecciones de este capítulo:

- Al decidir sobre qué hablar, hay que asegurarse de que el tema, ya sea dado o elegido, es la verdad envuelta en torno al tema del evento o viceversa.
- Sea sensible al clima emocional y guarde sus palabras con diligencia.
- Tener un plan estratégico que te lleve desde el punto de tu miedo escénico hasta el punto en que sales del escenario. Usar afirmaciones, planes de discurso y presencia escénica para construir una rutina escénica ganadora.
- Siempre habrá algo negativo que ciertas personas dirán. Reconocer que el objetivo no es gustar a todo el mundo, sino dar un excelente discurso en público.

Sus tareas:

Haga estas tareas antes de cualquier evento público:

1. Identifique la naturaleza del evento en el que va a hablar. Obtenga detalles específicos.

2. Averigua todos los detalles que puedas sobre el tipo de gente que vendría para el evento. Información como la edad, el género, la etnia, etc. tendrá un papel clave.

3. Relacione los detalles de uno y dos con su pericia y su experiencia.

4. Piensa en al menos cinco temas diferentes que encajen con toda la información mencionada anteriormente y redacta tu discurso en torno a ellos. Cuanto más preparado estés, menor será la posibilidad de que te tomen por sorpresa.

5. Practica tu discurso durante al menos dos horas todos los días antes del evento.

CAPÍTULO SIETE

MIRANDO LA SECCION

"Todas las marcas de moda tratan de verse bien.

Ser humano es también hacer el bien.

Y puedes hacer el bien por el simple hecho de

deslizarete en una camiseta o en un par de vaqueros".

Salman Khan

Dirigiéndose a su vestimenta

Cuando subes al escenario para hablar frente a la multitud, tienes la única oportunidad de impresionar y sabes lo que dicen sobre que las primeras impresiones duran más tiempo. La ventana para crear una impresión es sólo de unos diez segundos (esto es para una multitud muy generosa) y si te equivocas, en la mente de tu público, podrías terminar pasando el resto de tu discurso tratando de compensar esa mala impresión (si es que eso es posible). No importa cuán inteligente, listo o elocuente seas. Ni siquiera importa si tu discurso fue escrito por el gran Steven Spielberg en persona. Hay muy poco que puedas decir en diez segundos o menos que pueda impresionar instantáneamente a tu audiencia. Sin embargo, eres consciente del dicho que dice que una imagen vale más que mil palabras, ¿verdad? Bueno, su vestimenta puede decir mucho sobre su personalidad y lo que la gente puede esperar oír de usted.

Ahora, voy a tratar de que se sienta cómodo con este tema porque siento que muchos introvertidos tienen la mentalidad de que esforzarse en el vestir, especialmente cuando no es algo con lo que se sienta cómodo, es algo pretencioso. Lo sé porque, como la mayoría de los introvertidos, me siento más cómodo en mi propia piel (y por mi propia piel me refiero a mi camiseta favorita de la universidad junto con los pantalones cargo y un par de calcetines multicolores). Pero viendo que el mundo no califica esto como elegante, es difícil para mí sentirme cómodo cuando estoy vestido con algo que no sea mi ropa cómoda. Para llegar a un acuerdo con esto, tuve que aprender algunas duras verdades sobre la vestimenta. Una de ellas es el hecho de que la comodidad te hace sentir bien pero no significa de ninguna manera confianza. Y mi objetivo cuando subo al escenario es exudar confianza y para lograrlo, era importante que entendiera que la comodidad es para mi zona de confort y la confianza es para el escenario.

La confianza es la moneda que te compra la "consideración" de tu audiencia, así que si realmente quieres que tu discurso tenga un impacto duradero, no puedes permitirte llevar las chanclas, camiseta y vaqueros habituales. Sin embargo, esto no significa que vestirse con ropa de diseño desde la cabeza hasta los pies vaya a darte puntos importantes. Especialmente si los trajes de diseño no están hechos de una manera que los haga visualmente atractivos. Te sorprendería cómo tu apariencia puede distraer a la gente del hermoso mensaje que estás tratando de transmitir. Así que antes de ir a la tienda de ropa más cercana, lo primero que tienes que hacer es empezar con lo básico. Empieza con lo que te gusta vestir. Ya sé que el look de jean y camiseta es un clásico favorito, pero se ve súper casual, e incluso si estás hablando en un evento informal, aun así no tendría sentido. No a menos que hagas una mejora en el look que generalmente prefieres. Una actualización no significa necesariamente un gran presupuesto o una incomodidad total.

La razón por la que voto por ir con una mejora de lo que te gusta llevar es que te da la comodidad que deseas y al mismo tiempo da a tu público una mejor representación de ti mismo. Entonces, ¿cómo es exactamente una actualización? Asumamos que tu combinación de ropa favorita es un par de vaqueros y una camiseta. La actualización para esto es totalmente factible sin importar tu género, edad o el tipo de evento. Hay dos looks a los que puedes aspirar con esto. La vibración casual de negocios para ese asunto casual y luego el look profesional completo para ese evento formal. Primero, para el look semi-casual o casual de negocios, empecemos con tus jeans. Deben estar ajustados y en una sombra oscura para conseguir el look casual de negocios. Cualquier cosa menos que esto te alejaría más del look. Un par con una camisa abotonada y una chaqueta en un color que contraste con tus jeans. Ambos deben ser ajustados también. Para completar el look, usa zapatos formales. Esto significaría zapatos de la corte para las damas y el derby, zapatos de vestir o zapatos Oxford para los caballeros. Los zapatos deben ser de un tono negro, marrón o azul marino. Para un look profesional, los caballeros pueden usar corbata y las damas deben usar combinaciones de colores blanco, negro y azul. No intente conseguir el look monocromático con el vaquero. Rara vez funciona. Esta es una de esas veces en las que debes jugar seguro.

Si quieres deshacerte del aspecto de la tela vaquera, pero manteniendo las cosas dentro de ese rango de comodidad, cambia tus vaqueros por caquis o pantalones. Las opciones de diseño de hoy en día han encontrado una manera de hacer que tus pantalones hagan la transición entre un estilo de vida activo y la ropa formal sin esfuerzo. Hay muchas opciones. Al final de este capítulo, deberías poder decidir cuál sería el mejor look posible para ti y cómo puedes evitar hacer una terrible declaración de moda en el escenario.

Errores de estilo a evitar

Bienvenidos a Estilo 101 para oradores públicos. Si te consideras un gurú de la moda, no pases al siguiente capítulo todavía. Puede que tenga uno o dos consejos de moda que mejorarán tu experiencia en el escenario. Hemos establecido que mientras las calles pueden ser su pista diaria, el podio donde habla en público es cualquier cosa menos eso; como llegará a aprender eventualmente. Es donde tu actuación como orador público será juzgada. Si la información que transmite con su equipo no coincide con lo que intenta decir, puede estar seguro de que la mayoría de lo que dice no será escuchado. Y ahora sé que dije antes que deberíamos prestar menos atención a lo que la gente piensa de nosotros. Sin embargo, esto no significa que debas armarlos con las herramientas que pueden usar para juzgarte. Dicho esto, aquí hay algunas modas que no se deben usar para un orador público.

1. No mostrarás la piel

El escenario no es la plataforma para que muestres la piel de ninguna manera y esto no es un tipo de instrucción basada en el género. Va para todos. La única cosa que debe ser mostrada es tu talento y tu ingenio. Así que deshazte de esos pantalones cargo, pantalones cortos y cualquier tipo de zapato que revele tus dedos. Para las damas, su vestido o falda debe estar por debajo de las rodillas. Ahora bien, esta no es una instrucción de los años 40. Tiene un propósito muy práctico. Existe la posibilidad de que el podio en el que se parará para dar su discurso sea muy alto. Una falda muy corta daría a la gente sentada a unos metros de usted una visión inesperada que ni usted ni ellos esperaban. En mi opinión, es mejor usar un traje que evite esto que lidiar con el resultado después.

2. No te vestirás casualmente

No importa si el evento en el que está hablando se realiza en una playa de Hawaii. Las reglas de combate siguen siendo las mismas. Lo mejor que puedes hacer es atar el tema del evento a tu traje para asegurarte de que no sobresalgas terriblemente y que no parezca que estás "jugando con el equipo". "Para eso están los accesorios. Puedes seguir con lo básico con tu traje principal y luego usar algunos accesorios como corbatas, bufandas o sombreros (si la ocasión lo requiere) para ampliar los detalles.

3. No serás insensible

Puedes hacer una declaración con lo que llevas puesto. Por eso lo llaman una declaración de moda. Y ahora más que nunca, es importante que prestes atención al tipo de declaración que estás haciendo. Por ejemplo, subir al escenario con un abrigo de piel de visón es una declaración en voz alta a los amantes de los animales de que no te importa el dolor y el sufrimiento que los animales tienen que pasar para que tu ropa se haga. No sólo eso, es bastante desagradable. Puede que no compartas los mismos sentimientos con los amantes de los animales, pero no deberías tener que echárselo en cara, especialmente no en una plataforma tan pública como esta.

4. Evitarás los colores fuertes y los patrones ruidosos

Soy de la opinión de que es muy difícil ponerse colores llamativos y patrones fuertes sin parecer un payaso y estoy seguro de que hay mucha gente que estaría de acuerdo conmigo. Hay ciertos colores que no pertenecen al escenario o al público, a menos que vayas al escenario como un actor con todas las vestimentas. Para tener una sensación más profesional, es mejor atenerse a los colores apagados, ya que ayudan a suavizar tu personalidad. Otra cosa que los colores apagados pueden hacer por ti es evitar una situación en la que tu ropa distraiga a tu público de lo que estás tratando de decirles. Los colores apagados son colores que caen dentro del espectro del blanco, negro, azul oscuro, marrón y gris.

5. No subirás al escenario con un traje desarreglado

Si prefieres lavar tu ropa, no dejes de plancharla. Te hacen parecer chapucero, desorganizado e irresponsable. Recuerda lo que dije antes sobre dejar que tu ropa hable por ti. No te arriesgues con la percepción que quieres que tu audiencia tenga de ti.

Cómo vestirse como un profesional

Ahora que hemos terminado con la lista de lo que no se debe hacer, es hora de centrarse en lo que sí se debe hacer. Esencialmente, si quieres parecer un orador público, estas son las cosas que necesitas hacer para empezar:

1. Presta atención a tu aseo

No hay nada malo en llevar barba, ni siquiera una larga. Pero tienes que mantenerla limpia y recortada. El aspecto elegante de hombre de las cavernas fue un gran look para Shaggy de *Scooby-Doo* pero es más probable que te abuchee mentalmente fuera del escenario. Señoritas, este no es el momento de ponerse brillo en los ojos y aumentar el volumen del color del maquillaje o del cabello. Manténganlo simple pero elegante. La mayoría de los desnudos irán bien para la ocasión. Si se sienten atrevidas, prueben un toque de rojo en sus labios.

2. Dale a la higiene tu 100%

Es extraño que hable de la higiene, ya que creo que me dirijo a un grupo de adultos. Sin embargo, debe hacerse. Dúchate antes de ir a cualquier parte del escenario. Cepíllese los dientes y use el hilo dental también. Usa un buen desodorante y no te olvides de cortarte las uñas. Su equipo para el evento de presentación también debe recibir el mismo tratamiento. Te sorprendería la diferencia que algo tan simple como esto puede hacer por toda tu apariencia.

3. No te pases con los accesorios

Los accesorios están pensados para acentuar tu aspecto. Lo juntan y le dan un aspecto general acabado si se hacen bien. Las piezas audaces como la joyería se ven muy bien en el gramo y pueden hacerte aparecer en la página central de una revista de moda, pero no pertenecen a un escenario cuando estás hablando. Ve por piezas sencillas y discretas que tengan un aspecto elegante. Además, no intentes usar más de un accesorio a la vez. Hace que tu ropa esté "ocupada" y en la moda habla, eso no es algo que quieras que nadie use para describir tu look. Finalmente, si quieres seguir la tendencia de la moda, eso es genial pero ve por una tendencia a la vez. Si todo esto te parece un poco complicado, hazlo de forma sencilla. Mi regla general es que hasta que puedas contratar a un estilista profesional, mantente en lo básico de la moda. Es difícil equivocarse con eso.

4. Vistete para la ocasión

Ya establecimos que los oradores públicos deben optar por el aspecto semicasual o puramente formal y luego integrar ciertas piezas en su atuendo para atarlas al evento. Pero cuando digo que se vistan para la ocasión ahora, me estoy centrando en el tema de su discurso. Por ejemplo, si vas a dar un discurso relacionado con el éxito en un campo específico, es importante que te vistas como tal. La gente debe ser capaz de mirarte y obtener la vibración de éxito de ti. Recuerdo que me encontré con una imagen viral de un joven que estaba dando una conferencia en YouTube sobre cómo conseguir 1 millón de visitas para sus videos cuando sólo tenía videos con un poco menos de 600 visitas. Creo que la ironía de esto es lo que hizo famoso al pobre tipo. Si vas a alcanzar el éxito, debes mirar el papel. Debo enfatizar que el éxito no significa necesariamente que tengas que rockear con trajes de diseño desde la cabeza hasta los pies, incluso si puedes permitírtelo. Harías mejor uso de tu dinero si combinas las piezas que componen tu conjunto de manera bien coordinada.

5. Infundir tu personalidad en tu estilo

Con la lista de lo que se debe y no se debe hacer aquí, es fácil perderse en el proceso y terminar pareciendo una versión hecha en fábrica de otros oradores públicos. Tener tu propio estilo en la mezcla te ayuda a destacarte de la multitud y también te hace sentir más cómodo en el escenario. El hecho de que quieras ser percibido de cierta manera no significa que tu personalidad deba ser silenciada.

Completa el look con un buen acabado

La mayoría de las revistas de moda te dirían que necesitas grandes accesorios para completar un look. Como ya hemos hablado de esto, ¿qué más podría decir sobre el tema? La moda es más que la ropa que llevas puesta. Importa cómo la llevas. Puedes obtener todos los consejos de los mejores estilistas del mundo y hacer que los mejores diseñadores hagan su mejor trabajo en tu ropa, pero al final del día, si no la usas bien, puedes terminar dando una impresión equivocada. Y para llevarlo bien en este negocio, tienes que clavar tu postura. Puedes mejorar la percepción de la gente sobre ti mismo con la forma en que te paras, te sientas o gesticulas.

Su competencia en ciertos círculos está determinada en cierta medida por la forma en que se comporta, y esto puede parecer injusto, sobre todo porque sabe que es probablemente una de las pocas personas que puede hacer lo que hace de manera excelente. Pero de nuevo, es esa cosa de la traducción de la mente. La gente es propensa a juzgar un libro por su portada y a pesar de las numerosas advertencias que predican en contra de esto, el estándar social para evaluar las capacidades de una persona se basa en la primera impresión. Esto enfatiza la necesidad de prestar más atención no sólo a la forma de vestir, sino también a la forma en que se viste.

Para proyectar confianza y competencia, hay que mantener una posición erguida. Mantenga la cabeza erguida y para los hombres, asegúrese de que su pecho no esté cerrado. Arrastrar los pies al suelo cuando te mueves connota pereza mientras que los gestos innecesarios pueden hacerte parecer más nervioso de lo que realmente eres. Puede que no te sientas seguro de tu actuación en el escenario, pero no hay razón para ver esto. Si lo hacen, puede que no tengan confianza en lo que tienes que compartir con ellos. Reconozca que usted tiene información importante que podría marcar una diferencia en sus vidas y es su obligación asegurarse de no darles ninguna razón para cuestionar la validez de lo que está tratando de decir.

Así que, después de cumplir con los principios básicos de la moda y de recopilar un excelente discurso, lo siguiente que hay que hacer es andar la charla... literalmente. Dejar que tu caminar exuda la confianza que necesitas para que funcione.

La moda es más que la ropa que llevas puesta y es esencial para establecerse en la mente de las personas.

Puedes usarla a tu favor o establecerte en el fracaso con ella. Voto por usarla en nuestro beneficio y estoy seguro de que también estarás de acuerdo conmigo. Dicho esto, veamos los puntos principales de este capítulo:

- La comodidad y la confianza son dos cosas diferentes. Te vistes para estar cómodo en casa pero te vistes para tener confianza es lo que debes aspirar cuando se trata de tu estilo escénico.

- Haz una declaración con tu moda pero es importante que hagas la declaración correcta para tu marca.

- Hay reglas generales en la moda para ayudarte a mantener tu aspecto elegante y socialmente aceptable. Sin embargo, tu estilo es también una expresión de tu personalidad. No olvides incluirlo en tu vestimenta general.

- La postura incorrecta puede dar una percepción errónea sobre su competencia y confianza. Asegúrate de dominar la postura correcta.

Sus tareas:

El objetivo principal es ayudarte a definir tu estilo escénico y para ello, necesitas completar las siguientes tareas:

1. Haga una evaluación actual de su armario y, utilizando los consejos de este capítulo, determine qué ropa cree que sería digna de ser puesta en escena y póngala en una pila separada.

2. Crea un "look book" que consista en trajes elegantes que admiras mucho. Podría mantener su enfoque en los oradores públicos o ampliar su búsqueda para incluir actores, profesionales del derecho o cualquier persona cuyo estilo formal coincida fuertemente con lo que usted aspira.

3. Usando el libro de miradas, evalúa el montón de ropa que has seleccionado en el primer paso e intenta que coincidan con los diversos looks que has seleccionado.

4. Si lo que tienes no coincide con el aspecto que quieres crear, haz una lista de compras para acomodar lo que necesitas.

5. Continúa construyendo sobre lo que estás trabajando. Y lo más importante, cada dos años o así, cambia las cosas. Aunque no hay nada malo en seguir con el mismo estilo si te funciona, puedes quedarte rápidamente en una

zona de confort. Sé un poco aventurero, pero no te pases.

TERCERA PARTE

VAMOS POR EL ORO

CAPÍTULO OCHO

EL ARTE DE HABLAR EN PÚBLICO

"No está aquí sólo para ganarse la vida.

Usted está aquí para permitir que el mundo

viva más ampliamente con mayor visión

con un espíritu más fino de esperanza y logro.

Está aquí para enriquecer el mundo y empobrecerás

...si olvidas este recado".

Woodrow Wilson

Cualidades de un buen orador público

Hay un orador público que es el más adecuado para una situación específica, pero hay cualidades distintivas que te ponen en la misma liga que los grandes. No es por el número de seguidores de Instagram que tienes o el número de eventos que puedes reservar anualmente, o incluso por la cantidad que la gente gasta para reservarte para un evento. Esas son las ventajas que vienen con la construcción de una marca sólida para ti mismo y requiere la combinación correcta de publicidad, trabajo duro, consistencia y posesión de ciertas cualidades que voy a discutir muy pronto. Estas cualidades distintivas son a veces un talento innato que se construye con el tiempo con el entrenamiento y la práctica. Sin embargo, es muy posible que te muevas de donde estás ahora para ser bueno en tu oficio afilando las siguientes habilidades:

1. Conectando con su audiencia

Todas sus tareas y entrenamiento hasta este punto no le servirán si no puede conectarse con su audiencia. Ellos son la razón por la que estás en ese escenario en primer lugar. Para conectar con tu público, tienes que entender primero que estar allí no es sobre ti aunque ellos hayan venido a escucharte hablar. Se trata de ellos. Usted es el orador, pero en lugar de seguir en un largo e interminable monólogo, tiene la responsabilidad de hacer que parezca un diálogo sin que las otras partes lo hagan. En el siguiente segmento de este capítulo, doy un desglose detallado de esta cualidad y un breve ejemplo para ayudarle a empezar. Puede que no te convierta inmediatamente en un susurrador de multitudes, ya que el interruptor de encanto que debes encender es único para cada multitud. Aún así, cubriremos lo básico para ayudarte a hacer algo más que simplemente sobrevivir.

2. Ser un maestro de la narración

En cada capítulo de este libro, compartí una pequeña historia sobre mí y encontré la manera de relacionarla con el tema de ese capítulo. Esto no se debe a que sea una persona a la que le encanta compartir historias sobre mí. Es un intento deliberado de hacerlo:

a) Evita que te aburras
b) Hacer que el concepto sea más cercano a ti...
c) Probar que esto no es algo que fue sacado de la página de otra persona, sino una experiencia real

La narración de historias humaniza su idea y pinta un cuadro que su oyente o audiencia puede encontrar más concebible. Puede que tengas las mejores teorías y la mayor solución para un problema en este siglo, pero si no puedes hacer que la gente lo entienda, siempre seguirá siendo una teoría. Un buen orador público debe dominar esto. Así que, cuando compartas, crea o busca una historia que ilustre mejor tus ideas.

3. Modulaciones de voz

Antes de continuar leyendo, tómese un minuto para leer unas cuantas frases de este libro en voz alta y despacio, sin inflexiones. No haga caso de las comas y cualquier otro signo de puntuación. Si es posible, grabe esto en su teléfono. Observará que suena poco interesante y si sigue así durante al menos veinte minutos, su propia voz tendrá un efecto que le hará dormir. En una multitud, este efecto se multiplica y no quieres eso. Las modulaciones de voz te ayudan a construir sobre los dos puntos mencionados anteriormente. Puedes dar a tu discurso una apariencia de conversación que es esencial para mantener a tu audiencia involucrada. Domina esto y tu narración tomará una nueva dimensión. Piensa en los narradores de una película. Las inflexiones emocionales de sus voces te ayudan a conectarte con la historia aunque no los veas.

Encantando a su público

Un orador público comparte sus ideas con la audiencia. Un buen orador público comparte sus ideas con una audiencia y las mantiene en su poder. Hay tantas distracciones en el mundo de hoy. La llegada del teléfono móvil hace que sea mucho más difícil competir contra ellos por la atención de su audiencia. Hay estrategias simples que puedes emplear para conseguir y mantener la atención de la multitud, ya sea una pequeña presentación con un puñado de personas o una entrega en el escenario con una gran multitud.

1. Ven con un mensaje que sorprendería a tu audiencia

Internet proporciona una gran cantidad de información y existe una gran posibilidad de que un número significativo de las personas de su público tenga una idea más que media del tema que desea discutir. Si te ciñes a la información general, podrías terminar alimentándolos con las mismas cosas aburridas y ese tipo de información reciclada puede hacerte ganar unos minutos de su tiempo. Después de eso, puede que te resulte difícil recuperar su atención.

2. Usar un lenguaje que entiendan

Quieres impresionar a tu público y lo entiendo. Pero no uses palabras falsas que suenen impresionantes sin la capacidad de transmitir el verdadero significado de las palabras o el mensaje que quieres transmitir. Por ejemplo, la palabra que quiero usar para describir el verdadero estado de tu audiencia si eliges usar palabras grandes en tu discurso es *"desombobado"*. ¿Pero no crees que sonaría mucho mejor y te mantendría en el camino con este artículo si en su lugar reemplazara esa palabra por *"confuso"*? Encadenar unas pocas frases usando palabras grandes podría dificultar que la gente siguiera tu línea de pensamiento, e incluso si consiguen escalar los primeros minutos de tu discurso, no hay garantía de que lo mantengan durante todo el tiempo. Limítate a palabras simples y fáciles de entender.

3. Salga del escenario

El hecho de que te hayan puesto en un podio no significa que tu movimiento esté restringido a ese espacio. Toda la sala es tu escenario y mientras el movimiento no interfiera con el audio, no hay razón para que no puedas hacer lo tuyo desde donde está la multitud. Esto te hace parecer accesible y cuando la gente se siente así contigo, se abren más a tus ideas. Y cuando la gente está más abierta a lo que sea que tengas que decirles, prestan más atención. Es realmente así de simple.

4. Ser flexible.

Para ser un orador público novato, puedo entender por qué querrías crear un guión para tu actuación y atenerte a él. Pero si observas varios bostezos a los pocos minutos de tu discurso, puede que no funcione para tu público. En este caso, puede que tengas que darle la vuelta al guión. Si fuiste demasiado optimista, tal vez tengas que bajar el tono un poco. Si se lo toma con calma, tal vez tenga que aumentar el ritmo. Y en algunos casos, puede que tengas que desviarte completamente del rumbo (hablamos de esto en el siguiente segmento) y hacer que la multitud se entusiasme antes de que les lleves al tema en cuestión.

Mostrando tu lado ingenioso

No tienes que ser un comediante para hacer que tu público se ría. Y aunque sería genial escuchar ese glorioso sonido, el objetivo de los oradores públicos es inyectar algo de emoción en la sala y al hacerlo, mantener a su audiencia involucrada. Para alguien que acaba de superar su tendencia natural a ser tímido, es una perspectiva muy desalentadora subir al escenario y divertir a la multitud. Desde mi experiencia personal, puedes hacer que la multitud se mueva sin hacer nada más que ser tú mismo. Tienes diferentes opciones para usar tu ingenio para crear un momento humorístico. Voy a enumerar algunas formas en las que puedes hacer esto. Sigue lo que te sale natural. De hecho, con la práctica, puede que incluso descubras una técnica que no he incluido en esta lista y esta es una de las cosas que hace que el notable viaje que has emprendido sea mucho más interesante.

1. Contar una historia

Todos tenemos esa vergonzosa historia que hemos vivido. Narrar esa experiencia con algunos detalles exagerados puede resultar hilarante. Pruebe esta historia con una pequeña multitud y observe su reacción. Si es lo que esperaban, embellézcanla un poco y cuéntenle a su público. Asegúrate de incluir en la narración todos los detalles graciosos que puedas recordar. Sin embargo, es importante que prestes atención al tipo de público con el que compartes esta historia. Un público de tu lugar de trabajo que esté allí para presenciar una presentación en la que les lances tus ideas puede que no aprecie una broma sobre tus escapadas en el club. Para evitar una situación en la que puedas ofender a una raza, género o creencia religiosa, es más seguro atenerse a las narraciones que son autodespreciativas.

2. Dé una actividad que su audiencia pueda llevar a cabo

Esto puede no causar inmediatamente un ataque de risa, pero al menos haría que su público se moviera. Sin embargo, sólo hazlo si la multitud no es mucha y si sientes que los niveles de energía están cayendo. Desde mi experiencia personal, esto funciona muy bien durante el entrenamiento. Dividí a mi público en equipos y creé actividades de unión de grupo que los enfrentara entre sí. La competencia los excita. Para una pequeña multitud de personas que se encuentran por primera vez, al comienzo de la sesión, les pido a todos que llenen una tarjeta y la pongan en una caja. Las instrucciones en la tarjeta les piden que digan dos verdades y una mentira sobre ellos mismos. A los veinte minutos de una sesión de una hora, elijo tres tarjetas al azar, digo los nombres, leo el contenido de la tarjeta y pido a la audiencia que adivine las verdades y la mentira. Esto toma unos cinco minutos y luego volvemos a la sesión. Crea una atmósfera de familiaridad y alivia la tensión en la sala.

3. Contar un chiste

Ahora, esto de aquí requiere tiempo, gesticulación y sincronización (de nuevo) para obtener los resultados deseados de su audiencia. Podrías escuchar el mismo chiste de tres personas diferentes y tener tres reacciones diferentes al chiste y esto se debe a cómo se cuenta el chiste. Claro, cuando el mismo chiste es contado una y otra vez por la misma persona, pierde su humor. Pero cuando otra persona lo hace y con estilo también, te encuentras riendo aunque sepas exactamente cómo termina la historia. La clave es la técnica. Tienes que saber cuándo sonreír, cuándo retorcer las cejas, dónde chillar y dónde lanzar el remate. Para lograr esto, tienes que practicar tu chiste. Para aquellos de nosotros que encontramos difícil superar nuestros propios chistes sin reírnos primero, esta parte puede ser difícil. Sin embargo, si tienes un don para este tipo de cosas, esta podría ser la mejor arma de tu arsenal.

Elocución

Creo que esto se basa en lo que dije antes sobre el uso de un lenguaje que su público pueda entender. El énfasis, en este caso, es más que el uso de grandes palabras. El objetivo es asegurar que seas capaz de comunicarte de forma concisa y clara con tu audiencia. Así, asuntos como la clara enunciación de sus palabras, la variación del tono de su voz y el uso del lenguaje corporal son examinados a fondo.

Enunciado: Esta es su habilidad para hablar claramente y pronunciar palabras de una manera que sea entendida por su audiencia. Para las personas con defectos en el habla como el ceceo o la tartamudez, hay terapias del habla diseñadas para ayudarle a navegar las dificultades asociadas con su condición. Yo, por mi parte, soy de la opinión de que no hay nada que pueda impedir que alcances tus sueños. Con trabajo duro, compromiso y consistencia, puedes convertir tus mayores desventajas en una plataforma que te prepare para el futuro que deseas. Si el inglés no es tu lengua materna y estás hablando a un público compuesto principalmente por personas de habla inglesa, una clase de entrenamiento del habla podría ayudarte con la enunciación. Hazte amigo de tu diccionario. Aprende nuevas palabras todos los días y practica los tiempos adecuados en los que se aplican esas palabras.

Variación de tono: Para mantener un cierto estado de ánimo en su multitud, el decibelio de su voz no debe subir o bajar de un cierto nivel. Si subes, empiezas a parecer como si estuvieras gritando las palabras a tu audiencia. Eso puede funcionar si lo usas en una palabra en particular para crear énfasis sobre algo que quieres ilustrar. Úsalo con moderación e incluso entonces, tienes que cronometrar su uso adecuadamente. Si tu nota de voz baja demasiado, te vuelves inaudible para tu público. Si mantienes esta nota durante demasiado tiempo, podrías coger un violín y tocar una lenta melodía de acompañamiento que adormecería a tu público. Al mismo tiempo, mantener el mismo tono durante todo el discurso puede volverse monótono rápidamente. Esto podría instigar el mismo fenómeno de inducción al sueño que el mantener la voz demasiado baja.

Lenguaje corporal: Sus expresiones faciales, así como el movimiento de sus partes del cuerpo, pueden dar pistas a la gente sobre el estado de su mente. Sin decir una palabra, tus rasgos faciales y tu lenguaje corporal pueden decirle a cualquiera si estás asustado, excitado o simplemente aburrido. Si las palabras que salen de tu boca dicen una cosa y tu expresión facial dice otra, cualquiera que te escuche puede tener dificultades para conectar con las palabras que dices. Los gestos que haces en el escenario ayudan a añadir carácter a las palabras que dices. Si estás haciendo una presentación y te quedas perfectamente quieto sin un solo movimiento o expresión facial, parecerías absurdo. Lo mismo sucedería si utilizas gestos salvajes. Tiene que haber un equilibrio entre ambos extremos para mantener a la audiencia involucrada y para comunicarse efectivamente con su público.

Un orador público es una especie de artista. No se espera que utilicen la teatralidad en el desempeño de su función, pero hay técnicas empleadas por los artistas de teatro que resultarían muy útiles para un orador público. Domina estas técnicas; dominarás el escenario y mantendrás a tu público en tu esclavitud. Recuerde, la consistencia en la práctica puede marcar la diferencia. Pero eso no es lo único que hemos recogido de este capítulo.

Para ser un buen orador público, debes trabajar en el desarrollo y el dominio de ciertas cualidades. Debes conectarte con tu público, elaborar tus historias con maestría y aprender a controlar la subida y bajada del tono de tu voz.

Para ganarse a su público, necesita mantener su contenido fresco. Usa palabras que tu audiencia pueda entender y que estén listas para cambiar las cosas en un momento dado para acomodar la atmósfera de la multitud.

Para mostrar tu ingenio, sólo tienes que ser tú mismo. Descubre el aspecto único de ti con el que la gente se conecta más y úsalo para tu beneficio.

Finalmente, la comunicación lo es todo. Tu ropa, tu confianza y tu plataforma no significan nada si no eres capaz de transmitir el mensaje correcto. Aprende los tecnicismos del habla y practica a diario.

Sus tareas:

1. Aprende al menos tres palabras nuevas cada día. Su aprendizaje de estas palabras debe incluir el significado, el uso correcto en las oraciones, así como la pronunciación correcta de las palabras. Cuanto más rico sea tu vocabulario, más articulado te vuelves.

2. Practica cuatro o cinco chistes antes de tu próximo discurso. Elija los chistes que sean apropiados para el evento en el que va a hablar.

3. Esta es más una sugerencia que una tarea; considere tomar una clase de elocución o entrenamiento de lenguaje. Hay varias opciones en línea.

4. Observa y toma notas de las técnicas de otros oradores públicos. Esto no es para que copie la forma en que hacen las cosas exactamente. Esto es para inspirarte a hacer las cosas de una manera un poco diferente a la habitual.

5. Haga ejercicios sobre las expresiones faciales. Cuanto más exageradas, mejor. Su público debería ser su espejo. Empieza con la ira, la curiosidad y luego sigue. Cuantas más expresiones domines, mejor será tu actuación en el escenario.

CAPÍTULO NUEVE

GESTIONANDO SU ESCENARIO

"Soy tan monolingüe como tú,

pero, sin embargo, tengo una variedad de diferentes

idiomas a mi disposición, diferentes estilos,

diferentes formas de hablar que implican

diferentes ajustes de parámetros".

Noam Chomsky

Movimiento para la Etapa de Novato

Puede que no esté de acuerdo en que su presencia tiene más que ver con la actuación que con cualquier otra cosa, pero este es sólo uno de esos hechos que va a tener que aceptar. Hay una relación existente entre usted y su público. El público puede actuar de forma latente como observador, pero hay un diálogo tácito que sigue y el dominio de su movimiento en el escenario puede ayudarle a hacerse cargo de esa conversación y llevarla en la dirección que usted quiere que vaya. Anteriormente, hablamos sobre la confianza y el lenguaje corporal. Estos son atributos esenciales que te ayudarán a hacer un mejor uso de tu escenario. Saber cómo moverse en ese escenario en el siguiente paso para maniobrar el escenario a tu favor. Empezaré

125

con lo básico. Con el tiempo, el resto te saldrá naturalmente.

1. Sea deliberado en sus acciones

Cada movimiento que haga en el escenario debe parecer deliberado. Caminar por el suelo de tu escenario sin rumbo daría una respuesta negativa a tu competencia; los movimientos aleatorios sin propósito visual destacarían tu nerviosismo. Obviamente, arrastrar los pies entre otros movimientos innecesarios de manos o pies está fuera de discusión. Un truco que me gusta usar es imaginar que tengo una pequeña jaula invisible a mi alrededor restringiendo mi rango de movimiento. Así, donde mis brazos se extienden en un gesto muy amplio, estoy conscientemente hecho para estrechar mis movimientos. Esto hace que parezca menos aleatorio y más deliberado.

2. Deja que tu movimiento represente tu mensaje

Si el discurso que estás dando tiene un tono motivador, la forma en que te mueves en el escenario debe reflejar esto. Ahora, ¿qué quiero decir con esto? Un mensaje motivacional tiene como objetivo inspirar al oyente a tomar medidas, ¿verdad? Bueno, tu movimiento debe transmitir un sentido de urgencia a tu audiencia que exija acción. También debería haber muchos refuerzos positivos usando gestos con las manos. Permítame darle un pequeño pero significativo gesto que tiene mucho impacto en términos del uso del espacio y la comunicación. Al apuntar con el dedo índice, automáticamente se crea un punto focal. Apunta hacia abajo, y transmites el tiempo (ahora, presente, este momento), apunta hacia adelante y tu mensaje adquiere un tono de responsabilidad (estás asignando responsabilidad). Apunta ese mismo dedo hacia arriba y puede ser interpretado como una denotación de autoridad.

3. Saber dónde está todo

Esto tiene una función mucho más práctica. Necesitas saber dónde está todo para mejorar tu rendimiento. Esto significa que tienes que llegar al lugar a tiempo... tal vez mientras los organizadores aún se están preparando para que sepas dónde se va a ubicar el equipo que podrías estar usando. No es conveniente subir al escenario y empezar a buscar a tientas el proyector o tratar de averiguar dónde colocar cualquiera de los accesorios que pueda necesitar durante el curso de su presentación.

Hablar y ser escuchado

Hoy en día hay muchas herramientas de lujo que se utilizan para hacer que hablar en público sea una experiencia mucho más impactante tanto para el público como para el orador. Pero ninguna herramienta es más poderosa que su voz. Aprende a controlarla y la mitad de tu batalla ya está ganada. Durante una conversación normal, tu voz adquiere un tono normal. De esta manera, puedes ser escuchado por los compañeros con los que estás conversando y no necesitas aumentar tu voz y hacer un esfuerzo extra para enunciar tus palabras. En el escenario, el juego es un poco diferente. No sólo necesitas proyectar tu voz, sino que también necesitas enunciar tus palabras cuidadosamente. Para empeorar las cosas, hay una gran posibilidad de que el miedo haga que tu voz suene un poco más áspera y ronca de lo que es naturalmente. Es por eso que usted encontraría algunas personas que de repente luchan contra un ataque de tos cuando suben al escenario en un intento de aclarar sus gargantas.

Para prevenir esto, aquí hay algunas cosas que puedes hacer:

1. Tomar las cosas con calma

Tratar de apresurar tus palabras puede parecer como si estuvieras tratando de hablar más allá de la papa caliente en tu boca. Tus palabras no son claras y tu tono tiende a ser un poco más alto. Respire profundamente, exhale y luego camine despacio mientras habla. Esto lo mantendrá dentro del rango auditivo y dará a sus oyentes la impresión de que usted es un experto en el tema. Hable despacio, sea fuerte (pero no agudo) y hable claramente.

2. Coma algo antes de su presentación

Dada la tensión que sientes en la boca del estómago antes de salir al escenario, algunas personas se preocupan por comer. El temor general es que puedan vomitar en el escenario. Excepto en casos muy extremos, hay una mínima o ninguna posibilidad de que eso suceda. Y al contrario de lo que sientes, una comida ligera puede mejorar mucho tu actuación en el escenario. Intento comer una comida rica en proteínas al menos dos horas antes de subir al escenario. No sólo me hace sentir con energía, sino que me siento más alerta.

3. Evita las cosas frías

Un sudor nervioso provocado por un desagradable caso de pánico escénico puede hacer que busques agua helada, pero esto sólo puede hacer que tu voz sea áspera y así empeorar tu experiencia escénica. El agua caliente, las gotas de limón y la miel son excelentes si ya está luchando contra un dolor de garganta, pero si se usan de forma regular, puede esperar que su voz sea nítida y clara, lo cual es perfecto para hablar en público.

Sube el volumen del drama

Dije antes que estar en el escenario como orador público es como estar en el escenario. Puede que no seas teatral, pero hay técnicas teatrales que puedes emplear para mejorar tu actuación y atraer a tu público. Incluso si vas a leer tu discurso directamente de un trozo de papel, debes saber cuándo mirar a la gente a la que se lo estás leyendo. Ya hemos hablado de ser demasiado monótono en la entrega de tu discurso. El dramatismo al que me refiero no significa que de repente tengas que incluir las pantomimas en tus rutinas. Se trata de mejorar tu sentido del tiempo. Una pausa dramática puede crear tensión en una habitación tan gruesa que, como dicen, puedes cortarla con un cuchillo.

Para que el drama se convierta en realidad, sólo tienes que hacer lo siguiente:

1. Habla con confianza

Inyectar confianza en tu voz, aunque no te sientas así puede aportar una dosis masiva de dramatismo a tu presentación, de modo que aunque estés hablando de física cuántica a un grupo de estudiantes de secundaria, ellos querrán escuchar. Puede requerir mucha práctica, pero si sigues con ello, eventualmente llegará a ti sin esfuerzo.

2. Mantenlo corto y dulce

La gente tiene un período de atención muy corto. Esperar hasta el último minuto para revelar su tarjeta podría no funcionar. Agitar el drama haciendo una rápida introducción y luego lanzarse directamente al tema. Esto mantiene a tu audiencia interesada en lo que tienes que lanzar y los sostiene hasta el final. Prolongue las cosas por más de cinco minutos en su presentación y su gran revelación puede que ni siquiera importe.

3. No compliques las cosas

Si te encuentras tratando de explicar tu punto cinco minutos después de haberlo hecho, probablemente no has hecho un buen trabajo al explicarlo. Ser dramático al hablar en público tiene poco que ver con la complicación. Si estás hablando a la gente sobre maquillaje, no hay necesidad de usar términos específicos para la gente de la industria de la aviación. Sólo terminas confundiéndolos. Usa términos coloquiales relevantes para conectar con tu audiencia, transmitir tu mensaje y llamar su atención. Porque al final del día, de eso se trata el drama.

Usando el escenario para uno mismo

En la actuación, un actor tendría que considerar la presencia de otras personas en el escenario y hacer lo mejor para asegurarse de que todos tengan su día en el centro de atención. Para un orador público, sólo se comparte el escenario con la idea que se espera transmitir. Aparte de eso, el escenario es realmente sobre ti. Ya sea una gran plataforma o un pequeño podio, haz lo mejor que puedas para poseerlo. Antes de subir al escenario, se te dará un límite de tiempo. Haz todo lo que puedas para asegurarte de que te quedas dentro de este límite de tiempo y trata de no pensar en ello como un límite. Para mí, me gusta pensar en ello como una porción de tiempo que se me da para digerir como quiera. Como la mayoría de mis discursos públicos han tenido que ver con el entrenamiento, me concentro en llevar mi punto a casa en ese marco de tiempo. Para ello, me gusta hacer presentaciones con viñetas. Esto hace que sea más fácil de asimilar. Casi nunca utilizo todo mi tiempo, ya que estoy más interesado en interactuar con mi mensaje que en que ellos reaccionen a mi mensaje. Siento que, si interactúan con mi mensaje mejor, mi punto se lleva a casa más rápido.

Establezca su propia agenda para el espacio de tiempo asignado a usted y trabaje eso a su favor. Y lo más importante, recuerden que deben divertirse con todo el proceso. No hay ninguna regla que diga que no puedes. Y si todo parece demasiado tedioso para ti, el siguiente capítulo analiza cómo la tecnología puede ser utilizada para hacer tu vida mucho más fácil. Pero primero, para recapitular el contenido de este capítulo, repasemos lo que hemos aprendido hasta ahora:

- Su movimiento en el escenario establece el tono para el tipo de éxito de comunicación que logrará con su público.

- Comer una o dos horas antes de la presentación puede mantenerte enérgico y ayudarte a mantener un tono de voz uniforme durante todo el tiempo. Morirse de hambre tiene el efecto opuesto.

- Necesitas emplear el uso de técnicas teatrales para mantener el interés de tu audiencia.

- El escenario está diseñado para que lo uses como quieras. Decida sus objetivos y planifique para alcanzarlos dentro del plazo que se le ha dado.

Sus tareas:

1. Además de hacerse un nombre como un prominente orador público, ¿cuáles son sus objetivos? Específicamente, ¿qué espera que le suceda a su público cada vez que suba al

escenario? Esto le ayudará a planificar de manera efectiva.

2. Grábese a sí mismo hablando. Escúchelo, evalúe su desempeño y señale las áreas que deben mejorar.

3. Practica tu discurso regular y una versión comprimida de este discurso. Esto te libera para ser flexible si tu tiempo se acorta repentinamente. De esta manera, puedes tener una sesión impactante con tu audiencia.

4. Piensa en tres posibles preguntas que tu público podría hacerte y que te despistarán. Redacten respuestas frescas e inspiradoras y luego practiquen esas respuestas.

5. Redactar una respuesta a una pregunta a la que puede no tener respuesta. Deje que la respuesta sea lo más fresca e inspiradora posible y luego ensaye esto también.

CAPÍTULO DIEZ

LAS HERRAMIENTAS DEL COMERCIO

Los tontos ignoran las complejidades. Los pragmáticos las sufren.

Algunos pueden evitarlas. Los genios las eliminan."

Alan Perlis

Entrena tu velocidad con los teleprompters

La tecnología está diseñada para hacer nuestras vidas más fáciles y no es diferente cuando se trata de hablar en público. Puedes pasar horas y horas tratando de ensayar un discurso para ayudar a mejorar tu actuación en el escenario y parecer más auténtico que la coreografía ante tu público. ¿Pero qué pasa cuando te llaman para hacer un discurso improvisado sin tiempo suficiente para practicar? ¿Te rindes y pierdes una oportunidad o aceptas el reto? Sin suficiente práctica, puede que no te sientas seguro de aceptar el desafío, y aquí es donde entra la tecnología. Un teleprompter te ayuda en situaciones como ésta. En lugar de mantener tu cabeza enterrada en el discurso escrito en tu papel, eres capaz de mirar hacia arriba y dar tu discurso. El teleprompter es muy popular en el despacho oval y en las salas de redacción, pero también puede ser útil en el escenario.

Además de ayudarte con las indicaciones del habla, también puede ayudarte con la precisión de tus palabras. Debo señalar aquí que, aunque los prompters son útiles, se usan mejor en situaciones en las que establecer una conexión no es tan importante como asegurarse de que el mensaje correcto se transmite a su base de oyentes, que puede incluir más de los que están presentes en la sala con usted. Dicho esto, la práctica de su discurso con un teleprompter puede ayudarle con la modulación de su voz y la correcta enunciación de sus palabras. Sin embargo, para evitar cualquier situación incómoda, tienes que asegurarte de que:

a) Tienes una versión impresa del guión. Como todas las máquinas, los teleprompters pueden ser problemáticos. Si se dispara repentinamente en ti, debes asegurarte de no quedarte congelado en medio de tu discurso.

b) Usa pistas para que el discurso parezca menos robótico. Tu teleprompter no debería significar un discurso aburrido de principio a fin. Infunde un poco de emoción en tu franja horaria dándote pistas en el teleprompter para contar una historia, un chiste o hacer que la multitud participe en una actividad.

c) Marca el ritmo del teleprompter. Ciertos teleprompters sólo pueden mostrar unas pocas líneas a la vez. Si no se fija el ritmo, cuando se habla demasiado despacio se queda atrás, y si se habla rápido habrá demasiados silencios incómodos. Ensaya el guión al menos una vez para darte una idea de cómo quieres que sea el ritmo. Recuerda siempre que tú eres el protagonista.

Aplicaciones para el entrenamiento del habla

No hay ninguna ley que impida mejorar tu discurso. Como mi padre siempre dice cada vez que tiene la oportunidad de aprender, "Puedo ser muy bueno en lo que hago pero siempre se puede mejorar". "El entrenamiento del habla te ayuda a ser más elocuente como orador y te ayuda mucho a perfeccionar tu oficio. Afortunadamente, puedes obtener estos entrenamientos directamente en tu dispositivo móvil. Estas aplicaciones tienen el objetivo colectivo de ayudarte a mejorar tus habilidades de oratoria, pero lo hacen de forma diferente. Es posible que tengas que probar algunas para determinar qué es lo mejor para ti. Por esta razón, voy a destacar tres de esas aplicaciones. No porque piense que son las mejores, sino por la singularidad de cómo te ayudan a mejorar como orador público.

1. El simulador

Las aplicaciones de esta categoría están diseñadas para que te familiarices con la idea de hablar frente a una multitud simulando el efecto de una multitud. Puede que la experiencia te resulte limitante, ya que una aplicación sólo puede hacer mucho, pero te ayuda a superar ese miedo inicial y te ayuda a centrarte en tu discurso. Una aplicación que entra en esta categoría es el *simulador de habla pública* diseñado para iOS.

2. El entrenador

Estas aplicaciones escuchan tu discurso y ofrecen indicaciones para mejorar. Se corrigen los errores gramaticales, se ofrecen consejos prácticos para mejorar y se resaltan las áreas en las que suenas repetitivo. Aunque el enfoque se centra más en los tecnicismos del habla que en la propia emisión, es un primer paso para ayudar a mejorar la calidad de tu habla. La aplicación *Ummo* es un buen ejemplo de una aplicación que puede agruparse en aplicaciones de entrenamiento del habla.

3. El tutor de voz

Después de clavar el discurso, quieres asegurarte de que recibes la entrega correctamente con el dinero.

Ayuda en temas como aprender a controlar el ritmo de las palabras y el ritmo del discurso. "Pro Metrónomo" es una excelente aplicación para este propósito. Y está disponible tanto para dispositivos Android como iOS.

Complemente su presentación con ayudas visuales

Típicamente, los oradores públicos han tenido que confiar en su don de palabra para pintar un cuadro tan vívido que quede grabado en la mente de la audiencia. Con los avances tecnológicos de esta era, puedes usar imágenes reales para reforzar tu punto de vista. Usar PowerPoint como ayuda visual es una excelente herramienta. Sin embargo, debido a que vas a tener que dividir la atención de tu audiencia entre tú y la multitud, se vuelve imperativo que tomes la delantera y lleves la atención de la multitud a donde quieras que esté en cualquier momento. Pruebe estos pocos consejos para hacer una transición sin problemas:

1. No incluya su discurso escrito en su presentación. Esto sólo terminaría haciendo que la pizarra sea el centro de atención total del evento. En su lugar, pongan puntos con hechos asombrosos en la pizarra y luego expándalos a medida que se desplazan por cada diapositiva.

2. Usar más imágenes y menos palabras. Creo que esto se explica por sí mismo. La idea es hacer que su audiencia se divierta con la sesión, sin importar cuán seria sea. Como mínimo, quieres que se comprometan. Las imágenes hacen un buen trabajo complementando lo que estás diciendo.

3. Mantén el tablero interesante. Sólo porque dije que te ciñas a usar más imágenes y menos palabras no significa que debas ir y complicar las cosas con gráficos, tablas y figuras alucinantes. Guárdalos para la información que puedas compartir con tu audiencia después de la presentación.

Temporizadores para mantenerte en el camino

El tiempo es clave para tener éxito al hablar en público y es importante que utilice el tiempo que se le da para lograr el máximo impacto. Practicar tu discurso con conciencia del tiempo aseguraría que seas capaz de desglosar efectivamente la información dentro de ese marco de tiempo y a medida que lo dominas, tu confianza en tu capacidad se está alimentando en el proceso. Hay dispositivos especiales diseñados para hablar en público, pero puedes usar tu teléfono o incluso tu reloj de pulsera para poner en marcha el proceso. Los teléfonos a veces pueden interferir con el sistema de audio, por lo que puede que no sean una buena idea cuando estés en el escenario. Pero para la práctica, el cronómetro y las funciones de temporizador son muy útiles. Algunos organizadores de eventos instalan un cronómetro que es visible desde donde estás parado, pero no para el público. Presta atención a ello. Este cronómetro muestra diferentes colores para indicar cuando te estás acercando al límite de tiempo y te indica cuando debes terminar. No le aconsejo que espere hasta el último minuto para terminar. Dese al menos cinco minutos para no sentirse apurado cuando salga del escenario. Esto dice mucho de su competencia, especialmente si es un escenario muy formal.

En conclusión, la tecnología puede ser tu mejor amiga. Pero tienes que entender lo básico para poder comprender los beneficios que muchas de estas plataformas tecnológicas te ofrecerían. Para empezar:

Tengan claro lo que quieren lograr y luego busquen la tecnología que pueda apoyar sus objetivos. No tendría sentido ir por la tecnología primero porque menciona algunas cosas relacionadas con lo que quieres hacer en la descripción. Es como ir a comprar un zapato rojo de la tienda con la esperanza de que se vuelva negro. Antes de suscribirse, asegúrese de tener claro cómo le ayudaría a lograr sus objetivos

Nada puede sustituir a la práctica. No importa lo eficiente que sea la tecnología, su nivel de eficiencia está determinado por lo preparado que esté.

Entienda que incluso en las mejores circunstancias, lo inesperado sucede. Toda la cuidadosa planificación y preparación que está poniendo en su próximo evento de discurso público es admirable, pero no vaya pensando que todo va a ir de acuerdo con el plan. Espero que así sea, pero si no es así, esta es una de esas ocasiones en las que tendrás que aprender de la experiencia.

CIERRE

"Todo está bien si termina bien."

William Shakespeare

No hay atajos para alcanzar la grandeza y creo que este libro lo ilustra claramente. Los caminos que has tomado hasta ahora y los lugares por los que tendrás que navegar emocionalmente para llegar al lugar que deseas te llevarán cada vez más lejos de lo que solías ser, y eso es algo bueno. Empezaste este viaje en tu zona de confort y estoy seguro de que, en ese tiempo, has emprendido al menos una tarea que desafió tu comodidad. Hablar en público puede ser fácil o difícil. Esto depende del ángulo desde el que lo mires. Este libro no fue escrito para resolver ese debate. Más bien, está destinado a darte una ventaja para correr hacia tus objetivos.

Las tareas escritas aquí no son cosas únicas que puedes hacer simplemente y tacharlas de tu lista de tareas. Esto es algo por lo que vas a tener que despertarte y hacerlo todos los días, y decidir seguir con tu promesa a ti mismo de ser mejor. Puedo hablar así porque he estado exactamente donde tú estás. Deseando algo tan malo y sin embargo con miedo de apoderarse de él incluso cuando se me presenta en una bandeja de oro.

Obviamente, sabemos que no lo vas a conseguir en una bandeja de oro. Tendrás que trabajar duro para ganar cada paso progresivo que des en este viaje. Habrá sangre, sudor y frustración, pero eso es lo que hará que esto sea más satisfactorio cuando llegues a la línea de meta, que sería en ese escenario cuando salgas al sonido de los aplausos. Por supuesto, soy consciente de que no lo haces para animar a la multitud, pero no estaría de más que la gente reconociera la grandeza que hay en ti.

Y aunque la multitud aún no ha reconocido la grandeza en ti, quiero que la reconozcas porque yo soy consciente de ello. Viendo que nunca te he conocido antes, ¿cómo llegué a la conclusión de que eres un gran individuo? Para empezar, el mero hecho de que te atrevas a soñar es un excelente indicio. En segundo lugar, viendo que compraste este libro como el siguiente paso para alcanzar tus sueños me dice que has tomado la decisión de perseguir tu sueño. Si eso no habla de tu grandeza, no sé qué lo hará. Tu lucha única con los problemas emocionales como la ansiedad y la falta de confianza en los entornos sociales hace que tu capacidad de soñar con convertirte en un orador público sea mucho más atrevida e interesante. Dicen que las únicas limitaciones que experimentamos están en la mente. Has tomado la decisión de liberarte de cualquier cosa que te retenga, y saludo ese coraje.

Silencia las voces que cuestionan tus miedos y sigue empujando hasta que se abra paso. Afortunadamente, este es un campo que celebra tu individualidad. Sólo tienes que trabajar con el coraje de ponerte ahí fuera y ser dueño del espacio que se te da. Si necesitas una motivación extra, ten en cuenta que el mundo necesita urgentemente ideas innovadoras y prestar tu voz a ese proceso puede acercarnos a desarrollar la solución que podría cambiar la vida de las personas para siempre. Te agradezco tu tiempo y consistencia. Y ahora, espero ver las muchas cosas grandes y maravillosas que harás. Mantente fresco, mantente vibrante y lo más importante, sigue ganando.

Gracias.

Antes de que te vayas, sólo quería darte las gracias por comprar mi libro.

Podrías haber elegido entre docenas de otros libros sobre el mismo tema, pero elegiste este.

Así que, un ENORME agradecimiento a ti por conseguir este libro y por leerlo hasta el final.

Ahora, quiero pedirte un pequeño favor. **¿Podrías por favor considerar publicar una reseña? Las reseñas son una de las formas más fáciles de apoyar el trabajo de los autores independientes.**

Esta retroalimentación me ayudará a seguir escribiendo el tipo de libros que te ayudarán a obtener los resultados que deseas. Si lo disfrutaste, por favor, ¡hazmelo saber!